桂林城區示意圖

◎遊覽桂林的公車系統

桂林市內公車系統十分發達，上車投幣，不找零。不少為雙層車，適合沿途觀光。公車票價為人民幣1元／人，空調車人民幣2元／人。開往郊區的公車多半是人民幣2元。

以數字「5」開頭的車輛為免費公車，8條線路，從51～58路，發車時間為7：00～19：00，可到達市區的各大景點、景區及主要街區，是桂林的一大特色。除了正常的公車路線外，桂林還有觀光路線。

◎遊覽桂林的計程車

桂林計程車白天起跳價為人民幣9元／2公里，夜間23：00～次日6：00，起跳價為人民幣11元／2公里。超過2公里後，白天每公里人民幣1.9元，夜間每公里人民幣2元。

◎遊覽桂林的自行車

在桂林市內或陽朔等地，有許多地方適合騎自行車旅遊，所以租自行車也是一個深度造訪桂林的好主意。自行車的租借點多半在景區附近的主要幹道上，另外在桂林各大飯店、旅館也都有備用的腳踏車可供房客租借，收費按計時和計日兩種，大概人民幣10～15元／天。類似臺北，現在桂林也有U-Bike，租車1小時內免費，之後每小時計費人民幣1元，目前租借點有100多處，借車、還車都很方便。

◎遊覽桂林的美食體驗

桂林有許多獨具特色的地方風味小吃，集合酸辣的湘菜和清淡的粵菜風味特點，桂林人的家常小炒受湘菜影響很大，幾乎餐餐都離不開酸辣，餐廳菜色多半以在地口味為主。

隨著旅遊業的不斷發展，餐飲的種類也越來越多變化，在市區的餐廳就能品嚐到淮揚菜、閩南菜、潮州菜、西北地方菜、廣西少數民族風味菜等。時尚餐飲也在桂林悄然興起，正宗的西餐、中式簡餐、速食店等，深受年輕人的喜愛。

必吃美食

桂林米粉：桂林米粉非嚐不可，有生菜粉、牛腩粉、三鮮粉、原湯粉、魯菜粉、酸辣粉、馬肉米粉等，全桂林市有上百家米〔同〕，各具特色，有些甚至營業到深夜〔〕都有打牙祭的好去處。

啤酒魚：是陽朔的當地名菜。〔〕大鯉魚，先用桂北山區出產的生茶〔〕的上等啤酒紅燜而成，具有獨特的香〔〕口大開。特別是魚鱗被炸成一層脆〔〕全新的舌尖體驗。

十八釀：十八釀是桂林最富盛〔〕菜。所謂「釀菜」，是當地一種特色〔〕加入到肉餡裡，然後填入不同蔬菜〔〕中，或蒸，或燜，熟而成「釀」。〔〕釀、柚皮釀、竹筍釀、香菌釀、蘑菇〔〕苦瓜釀等。

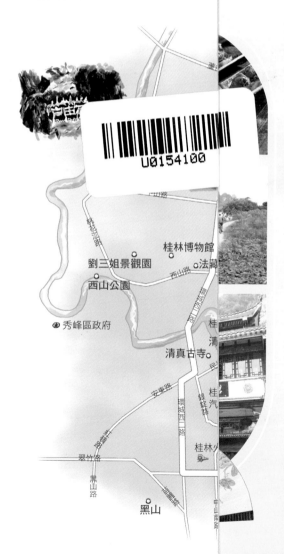

桂林博物館
劉三姐景觀園
法〔〕
西山路
西山公園
秀峰區政府
清真古寺
安新路
環城西二路
路〔〕
翠竹路
黑山路
黑山

序言

　　桂林是一座富有山水意境的城市，一山一水都值得玩味欣賞。如詩如畫的灕江風光，似真似幻的山水畫卷，浪漫悠閒的生活方式，還有風情萬種的夜生活等，這些特質令許多人心生嚮往，希望此生能有機會到桂林一遊。

　　與中國北方群山的豪邁厚重不同，桂林的山顯得秀美絕倫。桂林地區以奇特的喀斯特景觀著稱於世，峰林則是其喀斯特地貌的典型代表。這裡群峰挺拔，溶洞眾多，洞中琳琅滿目的石鐘乳與秀麗的山水交相輝映，構成桂林大地「奇峰、奇洞、美石」的綺麗風光。除了峰林外，千姿百態的石芽、石林、天生橋等景觀都讓人眼花繚亂，能夠真切感受到桂林山境的神奇秀美。

　　桂林境內河流密布，水資源豐富，有灕江、資江等主要河流。桂林的水清澈透明、綠得沁人心脾。發源於興安貓兒山的灕江是桂林水系代表，如一條蜿蜒的玉帶纏繞在蒼翠的奇峰中，泛舟其上，如入畫境。向北奔流的資江風光旖旎，兩岸奇峰突兀，怪石嶙峋，蓊鬱的竹木之間鮮花爛漫，既有別具一格的雄偉險峻，又不失桂林水色的清純秀麗。人稱「小灕江」的遇龍河，原始、自然，兩岸一派田園風光，顯得古樸、純淨，令人賞心悅目。桂林水與山相映成趣，凝重中透著靈動之氣，可謂是「舟行碧波上，人在畫中一遊」。

　　桂林是世界著名的旅遊城市和文化名城，除了迷人的山光水色，多彩多姿的民族風情也讓人著迷。桂林境內有壯、回、苗、瑤等20多個民族，他們大都保持著古樸奇特的民俗風情，壯族的三月三、瑤族的盤王節、苗族的蘆笙節、侗族花炮節等特色節日，都讓人心馳神往。桂林的民歌源遠流長，種類繁多，其中最有地方特色的當屬山歌和龍船歌。山歌曲調簡單樸實，節奏自由；龍船歌曲調熱列奔放，節奏感強，唱詞多與悼念屈原、頌揚龍王有關。此外，陽朔畫扇、壯錦、瓷刻、玉雕等特色風物也為桂林增添別樣的風情。

　　「千峰環野立，一水抱城流」，景在城中，城在景中，這就是有著獨特魅力的桂林。

備註說明：書中所列各項票價、開放時間、交通路線等資訊，會隨物價及季
　　　　　節而略有波動，詳細資料以景點官網及相關旅遊網站最新公告為準。

如何使用本書?

網友推薦
精選背包客棧、旅遊網站上的網友們,對景區做出的評價和推薦,讓讀者對景區有一個初步的認識,確定旅遊目的地。

景區
精選桂林 28 個最熱門的目的地,囊括桂林的旅遊精華。

網友推薦

★蘋果的想念　灕江在興坪古鎮轉一個大彎。興坪依山傍水,風景薈萃,是灕江沿岸最美麗的古鎮。這裡的古橋、古渡、古亭、古戲臺、古廟、古寨、古樹和古村落建築群,完整保留原有的歷史環境風貌,身臨其境,仍引領略「老街長長,古巷深深」的意趣。

★一問一問　興坪古鎮有著名的灕江美景「九馬畫山」,最具自然景觀的「黃布倒影」,以及總統漁村、蓮花岩奇觀、石板鋪就的老街、百年大戲臺等。到如此美麗的地方,不管是看山還是看水,都非常值得。

門票和開放時間
門票:蓮花岩門票人民幣 70 元,漁村門票人民幣 10 元。開放時間:全天。

最佳旅遊時間
最佳旅遊季節是每年 4 月～11 月,這段時間是灕江的豐水期,此時江水充盈,四周景色更加艷麗。

進入景區交通
位置:桂林市陽朔縣興坪古鎮。
交通:可在陽朔汽車站搭乘前往興坪的客車,20 分鐘一班,車程約 40 分鐘。

興坪古鎮依山傍水,風景薈萃,鉛繞烏瓦石板小巷,是灕江沿岸最美麗的古鎮。興坪古鎮距今已程有 1700 多年,歷史悠久,如今在古鎮還能看到許多保存完好的古建築和斑斑的歷史痕跡。

除了悠久的歷史,如詩如畫的興坪旅遊資源也非常豐富。這裡有著名的九馬畫山、黃布倒影、朝板山、朝板山、梧桐翠影、寡婦青螺;有綿延、古樸的漁村;有填稱世界岩溶奇觀的蓮花岩。古往今來,興坪秀麗的山水,引得無數騷人墨客為之陶醉。

❶ 興坪古街
在興坪鎮中心最能表現興坪古老一面的地點,便是長達 1 公里的興坪古街。這是一條悠長的石板街,古街的兩旁有各的會館建築,現在保存完好的各類磚瓦結構古建築。城牆輪廓高清,隨處可見古磚瓦陶瓷殘片,只是原來「車馬來往人看人」的繁華縣城已經不可見,轉而呈現出一派青山頭顱、村舍幾座的幽靜氛圍。

基本資訊
內容包含門票價格、景區開放時間、最佳旅遊季節、進入景區的各種交通方式等實用資訊,有助讀者準備行程。

景區概述
用簡潔、精練的語言介紹整個景區的大致情況,讓讀者對景區有一個整體認識。

子景點

景區重要景點詳細介紹，並配有好玩攻略、旅遊 Tips、相關故事等豐富的資訊。

圖片

選取景區的代表性圖片，圖文結合，使版面更加美觀，並對景區有更加真實、直觀的認識，閱讀更輕鬆。

景區示意圖

詳細標示景區的出入口、遊覽路線、景點分布、景區配套設施等，極具參考價值，大部分為手工繪製，尺寸大張，好讀好懂又不傷眼。

攻略

豐富、實用的景區資訊，包含住宿、美食、購物、娛樂、景區內部交通、旅遊注意事項等，囊括各個方面。

行程推薦

讀者推薦合理、實用的景區遊覽路線和規畫，使整個旅遊行程更加充實，並且多變化。

contents
目錄

示意圖目錄

掃描
桂林

詩意灕江

桂林山水甲天下

　　灕江歷史上曾名桂水，或稱桂江、癸水、東江，流經廣西壯族自治區第三大城市，政治、經濟、交通、文化及旅遊中心——桂林市，以流域孕育的獨特絕世而又秀甲天下的自然景觀——桂林山水，其風景秀麗，山清水秀，洞奇石美，是馳名中外的風景名勝區。

　　灕江屬珠江水系的桂江上游河段，發源於興安、資源縣交界處，海拔1732公尺的越城嶺南側，屬中亞熱帶季風氣候區。灕江流域擁有豐富的自然山水景觀。早在南宋時期，「桂林山水甲天下」就已人所周知。灕江，這條縈繞在中國南疆的秀麗江水，自古以來，以其悠久的歷史文明，令無數文人墨客為之傾倒。「江山惹得遊人醉，印入肝腸都是詩」便是無數遊人抒發的感慨。

　　「江作青羅帶，山如碧玉簪」，以灕江風光和溶洞為代表的山水景觀有山青、水秀和洞奇、石美「四絕」之譽。從桂林至陽朔，83公里灕江河段，也稱灕江精華遊，還有「深潭、險灘、流泉、飛瀑」的佳景，是岩溶地形發育典型、豐富和集中地帶，是桂林山水的精華，令人有「舟行碧波上，人在畫中遊」之感。

桂林米粉

唇齒留香的美味

　　相傳秦始皇派史祿率民工開鑿靈渠，渠道修通後，秦始皇由丞相李斯陪同，微服遊覽桂林山水。秦始皇有個嗜好，愛用鯉魚鬚、魚肚來下酒。來到灕江一看，哇，灕江裡的鯉魚用手就可以撈到，於是秦始皇叫船家趕快捕來很多魚，又賞賜很多錢。一餐用了許多條鯉魚才收集到一碗魚鬚、魚肚，秦始皇在灕江上玩了半個月，殺死成千上萬條鯉魚。急得灕江裡的鯉魚王跳腳，發誓要把秦始皇的遊船弄翻，讓他葬身魚腹。河伯知道後警告說：「帝王之事不得亂來，你趕緊另想辦法吧！」鯉魚王急中生智，用白米磨漿製成魚鬚（米粉）、魚肚（切粉）。秦始皇吃後，拍案叫絕，從此桂林米粉就問世了。

　　桂林米粉獨特的風味遠近聞名。其做工考究，先將上好白米磨成漿，裝袋濾乾，揉成粉糰，煮熟後，壓榨成圓根或片狀即成。圓的稱米粉，片狀的稱切粉，通稱米粉，吃法多樣，其特點是潔白、細嫩、軟滑、爽口。最講究滷水的製作，其工藝各家有異，大致是以豬、牛骨、羅漢果和各式佐料熬煮而成，香味濃郁。滷水的用料和做法不同，米粉的風味也不同。大致有牛腩粉、三鮮粉、原湯粉、滷菜粉、酸辣粉等。

丹霞地貌

神奇瑰麗的畫卷

　　丹霞地貌是一種沉積在內陸盆地的紅色岩層，在千百萬年的地質變化過程中，被水切割侵蝕，形成紅色山塊群。 形狀各異，有陡崖的城堡狀、寶塔狀、針狀、柱狀、棒狀、方山狀或峰林狀地形。

　　八角寨位於廣西壯族自治區境內，因為其主峰有八個翹角而得名，丹霞地貌分布40多平方公里，發育的豐富程度和奇特的外形屬世界罕見，因此被稱為「丹霞之魂」。景區內主要的丹霞地貌分為丹霞峰林、丹霞孤峰、丹霞峰丘和丹霞微觀地貌四大類，每類地貌均獨具一格，風格迥異，令人流連忘返。

　　八角寨與湖南的山同屬一脈，這裡的丹霞規模龐大、景象壯觀，曾被《中國國家地理》雜誌評為「中國最美的七大丹霞」之一，是遊客登山觀景、攝影拍照的好去處。

洞奇石美

喀斯特岩溶地貌

喀斯特（KARST）即岩溶，是水對可溶性岩石（碳酸鹽岩、石膏、岩鹽等）進行以化學溶蝕作用為主，流水的沖蝕、潛蝕和崩塌等機械作用為輔的地質作用，以及由這些作用所產生的現象的總稱。由喀斯特作用所造成的地貌，稱為喀斯特地貌（岩溶地貌）。

很多人都知道桂林有美麗的風景，然而很少有人知道在灕江兩岸孕育著最純淨的喀斯特地貌，桂林最典型的喀斯特地貌要數峰叢，分布在灕江兩岸。在幾億年前，這裡曾經是一片汪洋大海，經過漫長的地殼變化，一座座山從水底升起，形成獨特的喀斯特地貌風景。除了峰叢，桂林的地貌也是獨一無二的。桂林的峰林平原占據最好的地位，其他地方很少見。

桂林山水和陽朔風光主要是以石芽、石林、峰林、天生橋等地表喀斯特景觀著稱於世，並且是「山中有洞，無洞不奇」。以岩洞地貌為主的蘆迪岩洞景觀，內有各種奇態異狀的溶洞堆積地貌，形成「碧蓮玉筍」的洞天奇觀；七星岩石鐘乳構成的地下畫廊，可說是琳琅滿目；其他還有武鳴伊嶺岩、北流溝漏洞、柳州都樂岩、興平蓮花岩和興安乳洞、永福百壽岩、宜山白龍洞、凌雲水源洞、龍州紫霞洞等，也都是著名的溶洞景觀區。

千年傳說

　　劉三姐是民間傳說的壯族人物，古代歌手，聰慧機敏，歌如泉湧，優美動人，有「歌仙」的美譽。傳說她生於唐朝（618 ～ 907 年）中宗年代，真名叫劉三妹，是廣西（中國南部）壯族人，居住在廣西柳江流域，是個優秀的民歌手，有著出口成歌的本領。

　　三姐不但歌唱得好，還天生麗質又聰明。在三姐 17 歲這年對歌的時候，認識一位青年，這位英俊的年輕人也是一個唱歌能手，在對歌當中，兩人情投意合，互相愛慕，於是就私定終身。可是好景不長，村裡的一個惡霸，對三姐垂涎多時，見三姐與年輕人情投意合，大發雷霆，決意把三姐搶到手。一天晚上，月光皎潔，三姐正和年輕人坐在柳河邊的岩石上看月亮，傾訴衷腸。忽然火把晃動，人聲鼎沸，原來是惡霸來搶人，三姐和年輕人望望無路可走的山，又望望柳河。兩人決定生命相許，不求今生，只求來世，於是手拉著手，雙雙跳進柳河滾滾的波濤裡。

　　人們懷念這個民間的音樂家，因而每年三月三日這天會到柳河邊上賽歌，悼念「劉三姐」。2006 年，廣西壯族自治區宜州市申報的「劉三姐歌謠」，入選第一批國家級非物質文化遺產名錄。經過中國大陸的國家考證研究決定：宜州市作為劉三姐故鄉。

民俗風情

　　桂林是個多民族聚居的城市，有壯、回、苗、瑤、侗等 20 餘個少數民族，這些少數民族，保持著古樸、奇特、多彩的民俗風情。眾多的少數民族，雖共同生活在華夏民族的文化氣氛中，卻都保持著自身的風俗，包括服飾、食物、節日、宗教信仰，甚至語言文字。

　　瑤族的傳統舞蹈長鼓舞，舞姿優美，鼓影紛飛；侗族有自己的民間戲曲——侗戲，氣氛濃郁；並以建築藝術見長，高超的建築藝術，以風雨橋、鼓樓為代表；瑤家的「打油茶」有客必敬情誼深；壯族特有的「歌圩節」、「拋繡球」、「背新娘」及「對歌」等獨特婚俗別有風情；苗族的挑花、刺繡、織錦、蠟染、剪紙、手飾製作等工藝美術瑰麗多彩，馳名中外。桂林市臨江路兩江口建有灕江民俗風情園，將瑤、侗、壯、苗各族的文化、藝術、民俗、歌舞、餐飲彙聚一體，在歡樂歌聲中體驗民族風情，令參觀者流連忘返。

壯麗梯田

優美的大地線條

　　龍脊梯田分布在廣西龍勝各族自治縣龍脊鎮平安村龍脊山，距縣城 22 公里。從廣義說叫做龍勝梯田，從狹義上稱為龍脊梯田。梯田分布在海拔 300 公尺至 1100 公尺之間，最大坡度達 50 度，前往梯田幾乎都是盤山公路。

　　龍脊梯田始建於元朝，完工於清初，距今已有 650 多年歷史，是廣西 20 個一級景點之一。在漫長的歲月中，充分展現出人們在大自然中求生存的堅強意志，在認識自然和建設家園中所展現的智慧和力量。

　　龍脊梯田包括平安北壯梯田和金坑紅瑤梯田兩個景區。兩處梯田既有大刀闊斧的砍削，又有絲絲入扣的精雕細琢；既顯得氣勢磅礡，又含著清秀的藝術情調。由於山行各異，呈現兩種互不雷同的詩域畫境。兩者一南一北，有如雙璧輝映，分別構成北壯和紅瑤兩個文化空間，可謂組合巧妙，相互輝映。

　　梯田處處有，但是像龍脊梯田這樣大規模集中的區域實屬罕見。從流水湍急的河谷，到白雲繚繞的山巔，從萬木蔥蘢的林邊到石壁陡崖前，凡有泥土的地方，都開闢有梯田。蜿蜒的梯田，如同一級級登上藍天的天梯，像天與地之間一幅幅巨大的抽象畫。

享受 桂林美味

桂林菜納百家之長，特別是融入湘菜、粵菜、川菜等菜系的特點。南北各種口味也在這裡有廣泛的融合，使具有悠久歷史的桂林菜餚不斷地豐富和發展。特別是因粵桂相鄰，桂林菜受廣東菜的影響更深，烹飪菜餚具有清淡、脆嫩、鮮美的特點，桂林菜偏辣、乾香，介於湘菜與粵菜口味之間，卻融合粵菜的造型美觀、湘菜的味重優勢。

＊桂林米粉

圓的稱米粉，片狀的稱切粉，通稱米粉，其特點是潔白、細嫩、軟滑、爽口。以豬、牛骨、羅漢果和各式佐料熬煮而成，香味濃郁。

哪裡吃：位於桂林市象山區文明路8號的金龍寨，是一家老牌餐廳，經營各式特色家常菜，價格實惠。

＊灕江啤酒魚

灕江啤酒魚是陽朔當地的名菜。選用陽朔灕江裡鮮活的大鯉魚，先用桂北山區出產的生茶油烹炸，後放入桂林產的上等啤酒燜燒而成，具有獨特的香酥鮮嫩風味。

哪裡吃：位於陽朔縣陽朔西街入口處的太師傅啤酒魚，是陽朔做啤酒魚很出名的飯店，還曾上過電視節目。除了啤酒魚，還有鋼管雞、田螺釀也很受歡迎。

＊荔浦芋頭扣肉

採用正宗桂林荔浦芋頭、帶皮五花肉、桂林豆腐乳和各式佐料製作而成。色澤金黃，芋片和肉片鬆軟爽口，濃香四溢。

哪裡吃：位於荔浦縣731鄉道的來又來飯店廣西菜做得很正宗，荔浦芋頭扣肉的味道很不錯。

紅軍橋

龍勝
龍勝
龍舟

蔚青嶺

紅溪

永寧州古城
白岩寺

永福

板峽景區

＊水糍粑

　　桂林的特產小吃，質地細膩柔韌、潔白晶瑩，趁出籠熱氣騰騰時，再裹上白糖或熟豆粉，更是色美味鮮，口感細滑香甜。

哪裡吃：位於桂林市秀峰區中山中路268號的桂林人旺角美食街，是生蠔、花生粉、牛蛙、米粉等小吃的大總匯。各種小吃、菜餚分碟擺好，可以依據自己的喜好來選擇。

＊爆炒灕江蝦

　　以桂林灕江裡的河蝦為原料，加入少許桂林三花酒爆炒而成，口感酥脆嫩爽，香而不濃，從中還可品嚐出灕江水的清純與甘甜。

哪裡吃：陽朔西街的餐廳幾乎會有賣這道菜，但這道菜算是「隱藏版美食」，因為西街上的餐廳都是掛著啤酒魚的招牌，走進店內看菜單才找得到這道菜。每間餐廳的做法各具特色，多數能保持灕江蝦肉質細嫩的特點。

＊十八釀

　　即十八種釀菜，把各種調味料加入到肉餡裡，然後填入不同蔬菜或穀類做成的「外衣」中，或蒸或燜，熟而成「釀」。

哪裡吃：桂林的十八釀以平樂縣最為有名，平樂古鎮是品嚐正宗十八釀的好地方。田螺釀、豆腐釀都是不錯的選擇。

（地圖標示）
炎井溫泉
八角寨景區
資江　黃沙河
資源　天湖
河漂流　湘山寺
車田灣溫泉　全州
貓兒山
華江　月嶺
靈渠　寶界山
興安　灌陽
岩　乳洞岩
靈州　古城崗古墓群
桂林　龍母岩
大圩古鎮　羅漢肚圓
古東景區　牛厄新村
冠岩景區
樂園　興坪　文廟
外桃源　恭城
陽朔　印象·劉三姐
龍河　西街
銀子岩　深津古榕
荔浦塔　平樂
荔浦　冷水石林
荔江灣　仙家溫泉
豐魚岩

玩樂 桂林山水

遊桂林，在飽覽如畫美景之餘，還可享受到現代娛樂的無窮樂趣。桂林景點娛樂設施齊全，各富特色，除了傳統的竹筏漂流、夜遊兩江四湖外，還能在遊樂場裡遊玩或泡溫泉。喜歡戶外運動的遊客能在陽朔體驗攀岩的刺激。推薦體驗地：資江漂流、五排河漂流、樂滿地度假村、玉龍灘景區。

＊溫泉 ◀

沐浴溫泉對心血管疾病、神經痛、關節炎、皮膚病、婦科病等均具有理療、治療及保健作用。桂林有不少溫泉，結束一天旅途後不妨去泡個溫泉，能夠消除疲勞又養生。

推薦體驗地：可以去龍勝溫泉，此外還有資源縣的丹霞溫泉、全州的炎井溫泉、永福縣的金鐘山溫泉等都是不錯的選擇。

紅軍橋

龍勝
龍勝 ⊙
龍

⚲ 蔚青嶺

紅溪

⚲ 永寧州古城
白岩寺

永福 ⊙

板峽景區

＊漂流 ◀

到了「山水甲天下」的桂林，推薦要享受一下漂流的樂趣，獨特的喀斯特地貌使桂林的漂流更加驚險過癮。在水流湍急的崇山峻嶺中激流勇進，尖叫過後，還可以享受綠意盎然的山水潑墨畫，會是非常難忘的經歷。

推薦體驗地：龍頸河漂流、十二灘漂流、五排河漂流，桂林有名的三大漂。其中，以前往十二灘漂流的人最多，龍頸河漂流最刺激。

炎井溫泉
八角寨景區
資江
資源
天湖
黃沙河
漂流
湘山寺
車田灣溫泉
全州
貓兒山
月嶺
華江
靈渠
寶界山
興安
灌陽
岩
乳洞岩
靈州
古城崗古墓群
龍母岩
桂林
大圩古鎮
羅漢肚園
古東景區
冠岩景區
牛厄新村
樂園
興坪
文廟
桃源
陽朔
恭城
龍河
印象·劉三姐
西
街
深津古榕
銀子岩
平樂
荔浦塔
冷水石林
荔浦
仙家溫泉
荔江灣
豐魚岩

＊徒步

　　想要近距離真正感受到桂林山水之美，最好的方式就是散步。一邊走路，一邊欣賞美景，彷彿融入桂林的山水畫廊之中。

推薦體驗地：數百里長的灕江，風光最美的就是楊堤至興坪一段，以楊堤、浪石、黃布灘、興坪四處為最佳，很適合散步漫遊。除此之外，還可以選擇千家洞、貓兒山、天生橋、摩天嶺、花坪等經典散步路線。

＊騎自行車

　　在陽朔，騎自行車遊陽朔周邊的山水風光是不錯的選擇，可盡情騎著自行車走村訪寨，自由自在地遊覽各個景區景點，沿途可以欣賞到陽朔的山山水水、田園風光、綠色走廊。

推薦體驗地：可以選擇圖騰古道、蝴蝶泉、大榕樹等路線。

＊攀岩

　　「要攀岩，到陽朔。」這裡囊括至今為止，中國大陸境內所能找到的最完美岩壁。奇特的喀斯特地貌，峭壁林立，乾淨而堅固，是天然絕佳的攀岩場地，成為世界各地攀岩愛好者追求夢想和刺激的樂園。

推薦體驗地：金貓洞、酒瓶山、拇指峰、大榕樹、月亮山都是陽朔攀岩的熱門地點。

19 ♪

品味 桂林特產

桂林有許多土特產，當中最著名的「桂林三寶」是三花酒、豆腐乳、桂林辣椒醬。出名的還有荔浦芋、腐竹、馬蹄糕、桂花茶等，工藝品有桂繡、手繪屏風、竹木雕刻、畫扇紙傘、壯錦背包等，值得購買自用或當禮物送人。

＊桂林米粉

米粉是深受大眾喜愛的南方美食，桂林米粉更是其中的佼佼者，以其獨特的風味遠近聞名。桂林米粉採用中草藥及香料等原料製作滷水，不僅味美，而且有藥用功效。

＊桂林三花酒

三花酒是桂林有名的特產，以米為原料的蒸餾酒，屬於米香型白酒。三花酒無色透明，蜜香清雅，入口柔綿，落口爽冽，飲後留香。適量飲用三花酒，可提神、活血，有益健康。

＊桂林辣椒醬

桂林辣椒醬有 300 多年的生產歷史，與豆腐乳、三花酒同被稱為「桂林三寶」。此醬選料很用心，生產工藝獨特，具有色澤紅褐、粗細均勻、鮮辣醇香、鹹淡適口的特點。

＊陽朔畫扇

畫扇是陽朔具有特色的手工藝品之一。陽朔畫扇的選料考究，工藝精緻，扇面內容有桂林山水、陽朔風光和花鳥蟲魚、奔馬猛獸、古裝仕女等各類古今題材。

＊桂花馬蹄糕

　　桂林馬蹄糕是桂林特產之一。桂林馬蹄糕與眾不同，其肉質雪白細滑，水分含量高，清甜無渣，爽脆可口。

＊桂林豆腐乳

　　桂林三寶之一。桂林豆腐乳為寸餘見方，厚約6公分的小塊，表面呈膠狀透明，色澤黃爽，奇香襲人。由於獨具佳美的色、香、味、型，桂林豆腐乳成為遊客喜歡購買的一種桂林特產。

＊廣西壯錦

　　壯錦是廣西壯族著名的手工藝品，壯錦多以壯族地區的動物圖形為圖案，織工精巧，線條簡練而明快，粗獷中帶有細緻，且色彩絢麗，具有濃郁的民族特色。

感受 民族節日

桂林是一個多民族和諧共處的城市，擁有壯、回、苗、瑤、侗等數十個少數民族。這些少數民族淳樸的民風、獨特的地域文化，造就多彩多姿的民俗節慶，如侗族花炮節、壯族歌節、瑤族龍勝紅衣節、恭城桃花節等。

＊侗族花炮節

時間：花炮節的日期在各個地方都不一樣，從正月到十月都有。

地點：龍勝一帶

簡介：花炮節是侗族的傳統節慶。放花炮，第一炮表示人丁興旺，第二炮是恭喜發財，第三炮是五穀豐登。

看點：花炮節期間非常熱鬧，花炮活動結束後，年輕男女還會聚在一起奏蘆笙、跳舞。

紅軍橋

＊桂林山水旅遊節

時間：每年 10 ～ 12 月

地點：桂林市

簡介：首屆桂林山水文化旅遊節於 1992 年 11 月 8 日至 11 月 16 日舉行，至今已舉辦十多年。旨在彰顯桂林的山水風光優勢和歷史文化蘊味。

看點：節慶期間，桂林市內會舉行展示桂林風采的文藝晚會；展開山水風光、民俗風情、歷史文化等各種旅遊新路線等活動。

龍勝
龍勝 ⊙
龍*

⊙ 蔚青嶺

紅溪

⊙ 永寧州古城
⊙ 白岩寺

永福 ⊙

板峽景區

＊瑤族龍勝紅衣節

時間：每年農曆三月十五或四月初八。

地點：桂林龍勝一帶

簡介：紅衣節是龍勝紅瑤同胞一年一度所特有的民族節慶日，在寨納（泗水鄉）或龍脊山下舉行。

看點：紅瑤同胞在每年農曆三月十五這天，身著盛裝，肩擔自己生產的土特產品，成群結對來到淚水街舉行節日盛會。未婚青年則在這一天借機唱山歌、吹木葉，以優雅動聽的情歌來相約幽會意中人。還會舉行跳長鼓舞、體育比賽、比長髮、評寨花等傳統節目，和頂竹槓、拉山拔河、打旗公等民間體育活動。

炎井溫泉
八角寨景區
資江
黃沙河
資源
天湖
湘山寺
河漂流
車田灣溫泉
全州
貓兒山
華江
月嶺
靈渠
寶界山
興安
灌陽
岩
乳洞岩
靈州
古城崗古墓群
龍母岩
桂林
大圩古鎮
羅漢肚圓
古東景區
樂園
冠岩景區
牛厄新村
桃源
興坪
文廟
陽朔
恭城
印象‧劉三姐
河
西街
深津古榕
銀子岩
平樂
荔浦塔
冷水石林
荔浦
荔江灣
仙家溫泉
豐魚岩

＊苗年

時間：農曆十月的第一個卯日（兔日）、丑日（牛日）或亥日（豬日）。

地點：資源苗族居住地

簡介：苗年是苗族傳統節日。節日當天早晨放鞭炮，連放 3 炮，以示吉慶。

看點：節日期間，人們走親訪友，互致祝賀。有些地方伴隨舉行盛大的鬥牛、賽馬活動。其中以蘆笙踩堂活動最精彩。屆時，年輕男子蘆笙嘹亮，悅耳動聽，女孩子們身著節日盛裝，頭戴龍鳳銀角、銀簪、銀梳，踏著笙歌節拍，翩翩起舞。通過踩堂，年輕男女就可以自由選擇伴侶。

＊恭城桃花節

時間：每年 3 月。

地點：恭城縣

簡介：每當三月，在桃花盛開的地方——恭城縣都要舉行一年一度的「桃花節」。桃花節期間，村民載歌載舞，以舞會友，以花傳情，「賞恭城桃花，住生態家園，吃綠色食品，做快活神仙」，豐富的農家活動讓恭城成為遊客踏青觀花，領略春天濃烈氣息的絕佳去處。

看點：賞美麗的桃花勝景，還可以品酩桃花美酒、唱桃花歌曲、跳瑤族儺舞、吃瑤鄉美食。

PART 1
灕江風景區

★海棠一葉　灕江是大自然賜予人類的瑰寶，是中國錦繡河山的一顆明珠，桂林風光的精華，早已名聞遐邇，著稱於世。縹緲的煙霧，清麗倒影，把人從凡間帶入仙境，而兩岸搖曳的竹影、漁村炊煙、青牛戲水、牧童晚歌等美景，又使人彷若置身世外桃源中。

★淡淡夕陽紅　我終於看到電視上出現的景點，江水很清澈涼快，真是太讚了！乘坐竹筏在灕江上緩緩行進，陣陣微風迎面吹來，還有被竹筏攪亂的江水，兩邊是各種形狀的石山，彷彿身在世外桃源，讓人忘記城市的喧嘩，耳邊只有悅耳的水聲。

灕江，是中國錦繡河山的一顆明珠，是桂林風光的精華，名聞遐邇，著稱於世。灕江發源於「華南第一峰」桂北越城嶺貓兒山，上游主流稱六峒河，中游稱溶江，從桂林到陽朔約 83 公里的水程，稱灕江。

灕江酷似一條青羅帶，蜿蜒於萬點奇蜂間，沿江風光旖旎，碧水縈迴，奇峰倒影、深潭、噴泉、飛瀑參差，構成一幅絢麗多彩的畫卷，人稱「百里灕江、百里畫廊」。

門票和開放時間

門票： 灕江風景區大門口不收門票，但景區內的部分景點須各別收取門票。各景點門票可單獨購買。

各景點獨立門票及開放時間見下表：

景點	門票（人民幣）	開放時間
大圩古鎮	免費	全天
冠岩景區	100 元	8：30 ～ 16：30
古東瀑布	75 元	8：30 ～ 17：30
楊堤風光	免費	全天
興坪古鎮	蓮花岩 70 元，漁村 10 元	全天
穿山公園	80 元	7：30 ～ 18：00（夏季） 8：00 ～ 17：30（冬季）
象山公園	75 元	6：00 ～ 21：30（4 ～ 10 月） 7：00 ～ 21：30（11 月～次年 3 月）

最佳旅遊時間

　　每年 4 ～ 10 月，桂林山清水秀，是遊玩灘江的最佳時節。主因是灘江的豐水期為每年的 4 ～ 11 月間，此時江水充盈，搭船觀景都會舒適。

◆ 望夫石

望夫山位於灕江江西岸，山頂有仙人石，如一穿著古裝的人向北而望；山腰有一石，如身背嬰兒凝望遠方丈夫的婦女，因此名為望夫山，亦名望夫石。

灕江的望夫石，宋時傳為化緣和尚變成，稱仙人石。到了清代，傳為一家三口，船到了灘前只剩一斗米，水淺不能行船，糧食吃完了，丈夫上山找不到食物，心急化成石人。妻子背著孩子上山尋找，看見石人丈夫，傷心焦急，一同化成石人。

◆ 楊堤

楊堤是「九山半水半分田」的典型山區，民風淳樸。這個江段曲折蜿蜒，碧水縈迴，景點密布，奇峰倒影，竹木蓊鬱，最能領略「江作青羅帶，山如碧玉簪」的妙處。

◆ 龍頭山

龍頭山絕壁臨江，上下凸出，中呈弧形，像張著巨口的龍頭，所以名為龍頭山。龍頭山西面有數十座山峰，猶如龍頭、龍身、龍尾相接，綿亙數里，好似一條向東飛騰的巨龍，也因此有「巨龍躍江」之說。

龍頭山有一終年不絕的山泉，被稱為龍王涎液，晶瑩甘冽，純淨可口。山泉彙集成溪，自幽深山谷流向山口，宛如銀鉤，斗折曲行，跌宕而下。

象鼻山　◎桂
鬥雞山　塔山
　　　　龍門
　　　　奇峰
雁山
桂林植物園
望
蛇大王
鱷魚世界
八仙過
七女
黃布
白沙　　楊梅
　　　　龍頭山
　　　　陽
碧蓮峰
書
月亮山　聚龍潭奇石宮

◆ 黃牛峽

　　黃牛峽在灕江西岸，磨盤山南，與碧岸隔江相峙，距桂林約 30 公里，峽上多奇石，如碧蓮、獅虎、蝙蝠、黃牛群。灕江清流至此，急轉 90 度的大轉彎，流分為二，拍擊 3 個洲渚，滾滾南去。當地民謠稱：「九牛對三洲，河水兩邊流；五馬攔江過，雙獅滾繡球。」這一帶江面開闊，蓮花狀峰叢綿互數里，氣勢磅礴，以險奇勝。

◆ 大圩古鎮

　　大圩古鎮為廣西四大古鎮之一。古鎮商業文化奠基深厚，特色鮮明，是百里灕江和灕江東線旅遊的一個重要人文景觀。

◆ 古東瀑布

　　古東瀑布是以地下湧泉彙集形成的多極串聯瀑布，瀑布比灕江水位還高 180 公尺，古東瀑布被譽為「是可以觸摸到的灕江水」。

◆ 冠岩景區

　　冠岩景區是近年來在桂林諸岩洞中脫穎而出的新型旅遊洞穴。有軌電車、遊艇和觀光電梯與洞內奇絕的自然景觀相輔相成，讓冠岩成為中國獨具特色和韻味的水、陸、空遊覽洞穴。

◆ 朝板山

　　在灕江東岸，有一座與江面垂直的孤峰，因受江水沖刷，溶蝕成一公尺深的凹槽，像古代朝臣手持的「朝笏」，故稱朝笏山，俗名朝板山。朝板山秀如春筍出土，奇如牙板彎曲，險如臨江懸石，俊如雅士臨江，兼有奇險俊秀的石山典型美。

◆ 興坪古鎮

　　在灕江東岸的興坪鎮，是古代灕江沿岸最大的城鎮，有 1300 年歷史。灕江流經興坪，形成「S」字形河灣，是灕江風光的薈萃地。這裡山水相依，景點密集，兼有奇、險、秀、美、趣的特點。

○大圩古鎮
磨盤山 碼頭
竹江 碼頭
牛洲
○古東瀑布
○觀日台
黃牛峽
○ 草坪
○冠岩景區
○浪島風俗園
○仙人推磨

○九馬畫山
○朝板山
○興坪古鎮

布塘

交通攻略

1. 遊覽灕江風景區的最主要方式是乘船，灕江精華遊航線主要從桂林磨盤山碼頭或竹江碼頭——陽朔段航線，是灕江航區的精華部分，遊覽時長 4.5 小時左右。

灕江有兩個碼頭：磨盤山碼頭和竹江碼頭，距市區 40 分鐘車程，市區到碼頭沒有專線客車和公車。磨盤山碼頭是內賓碼頭，陽朔下船碼頭是龍頭山碼頭，走到西街還要 15 ～ 20 分鐘；竹江碼頭是外事碼頭，陽朔下船碼頭是水東門碼頭，上岸就是西街。遇到灕江的枯水季節則在楊堤碼頭乘船。桂林的遊船直接到陽朔，枯水的時候遊楊堤到興坪段，中間不能下船，也不停船。

灕江精華航線乘船收費如下表：

遊覽路線	票價（人民幣）		遊船類型	中餐
竹江到陽朔	旺季	全票：270 元 半票：135 元	豪華冷氣船	提供中餐，另收取標準餐費 35 元／人。
	淡季	全票：240 元 半票：120 元		
	旺季	全票：450 元 半票：225 元	超豪華船	免費提供中式自助餐
	淡季	全票：380 元 半票：190 元		
磨盤山到陽朔	旺季	全票：210 元 半票：105 元	普通冷氣船	免費提供中式經濟餐
	淡季	全票：190 元 半票：95 元		

2. 遊覽灕江，除了乘船還可以乘竹筏，許多自由行的背包客喜歡乘竹筏，體驗不同的灕江遊。乘坐竹筏行經楊堤至興坪，夏天可以乘坐竹筏遊覽，最大的特色就是可以把腳碰到水，與灕江親密接觸。竹筏遊每人人民幣 120 元。

到達陽朔碼頭的交通：

桂林出發：坐桂林→陽朔的慢車，在楊堤路口停，但是不到楊堤碼頭，需要在路口換乘從陽朔→楊堤碼頭的車。

陽朔出發：有陽朔→楊堤碼頭（注意是楊堤碼頭，不是楊堤路口）的班車，每天 6：40 左右開始發車，20 分鐘一班，陽朔到楊堤碼頭車程約一個半小時（慢車，隨時上下客）。

大圩古鎮
古韻滄桑的千年古鎮

★綠藻　在灘江沿岸有一座明清時期的古鎮—大圩。大圩古鎮從戰國到明清時期，一直是當地的重要水埠。踏進古鎮，迎面而來的懷舊氣息，頓時感覺像回到從前那個斑駁滄桑的記憶。

★回憶的時光　古鎮中一座座明清時期的建築裡，已經缺少昔日的生機，白髮蒼蒼的老人倚靠在屋簷下的石椅上。在參差不齊的古建築群中，圍繞著這座古鎮的只有寧靜與淳樸。

門票和開放時間

門票：免費。　　開放時間：全天。

最佳旅遊時間

四季皆宜，夏季最佳。每年 5 月，當地有豐富的民間節日。

進入景區交通

位置：桂林市靈川縣大圩古鎮。

交通：1. 在桂林火車站旁邊的桂林長途汽車總站坐開往冠岩的專線車，40 分鐘左右即可到達；也可以直接在三里店靈川乘坐大圩鎮的小巴，車班比較多。

2. 自行駕車者可從桂林開車往大圩冠岩古東等景點的方向，快到大圩鎮有個十字路口，路標顯示往北為熊村（雄村），往南為大圩古鎮。

大圩古鎮是灕江沿岸一個非常美麗的地方，歷史悠久，是廣西四大圩鎮之一。古老的大圩老街順著灕江綿延2公里長，不寬的街道上鋪著青石板，石板路兩邊是保存完好的老房子。古鎮內還保存著始建於明朝的單拱石橋萬壽橋、清代建築的高祖廟、漢皇廟和廣東、湖南、江西會館等眾多歷史遺跡。

此外，大圩古鎮還有父子岩、磨盤山、毛洲島等景色優美的自然景觀，為古老的古鎮增添無限生機。

❶ 石板路

大圩鎮上的石板路建於民國初年，沿岸而建。長2.5公里，寬2公尺，多用青石板鑲鋪成，大概由15000塊青石組成。路旁的房子多為青磚和青瓦的兩層明清建築，歷史的滄桑隨處可見。古鎮街道兩旁，綠竹掩映，磚木結構的青瓦樓房，古色古香。

> **攻略**
>
> 古鎮現在還保留著許多竹編作坊、草鞋作坊、傳統的喪葬用品店、草醫診室、老理髮店等一批古老的手工作坊。常可見老人們在街邊看著發黃的書，或聚在一起喝茶打牌，平靜生活。這本身就是一幅很美的畫面。

❷ 萬壽橋

萬壽橋始建於明朝，在清光緒二十五年（1899年）重建，單拱石橋，位於鎮上馬河與灕江匯合處，橋體穩健古樸。萬壽橋橋面以青石板嵌成，兩側有護欄，總體造型非常美觀。電影《劉三姐》曾在這裡取過許多景。劉三姐的那首山歌「山頂有花山腳香，橋下有水橋面涼，心中有了不平事，山歌如火出胸膛」，就是在萬壽橋唱的。

> **攻略**
>
> 賞灕江：萬壽橋單拱昂立，橫跨馬河（澗沙河），東接泗瀛洲，西連青石板街，遠望似青龍臥江，近看橋影如月，氣勢非凡；與兩岸古樸的民居相依，具小橋流水的典雅嫵媚。灕江位在萬壽橋西面，這裡是欣賞灕江的極佳位置。

❸ 毛洲島

大圩鎮隔灘江對面的毛洲島，四面環水，小河穿插，樹林蓊鬱，古藤攔道，阡陌縱橫。整座小島上有小橋、流水、人家景色，如同江南水鄉一般靈秀。島上盛產柑橘、甜橙、柚子、葡萄，從高處看去，果園和田園交錯縱橫，如繡似錦。

❹ 磨盤山

在大圩古鎮對岸有一座大山，從北面看去，山石層層疊疊，酷似一架石磨，故名磨盤山。從東往南看，又像一艘巨輪，上有狀似鍋爐、煙囪、絞盤和指揮臺等山石，所以又叫火船山。

山腳臨江處，有一塊伸出水面的石板，下有雕龍刻鳳似的石腳，人稱「姜太公釣臺」。大山東面，如巨幅畫卷的石壁臨江而立，此景叫「船山壁畫」。磨盤山西面有個犀牛狀的山峰，犀牛翹首望著天空，形成「犀牛望月」之景。另外，磨盤山下還有清末抗法、抗日名將——臺灣巡撫唐景崧的墓地。

磨盤山碼頭是遊覽灘江的登船處，每天有數千名遊客從此處上船。

故事

磨盤山傳說

關於磨盤山，有一個美麗的傳說：相傳很久之前，一個年輕人經過神仙點化而爬上磨盤山。口渴就喝山澗的泉水，一夜之間就變成力大無比的大犀牛。月亮升起的時候，年輕人把磨盤山拉九十九轉；月亮下山，一時間天昏地暗，年輕人用力拉那磨盤，卻無法再拉動。於是他順著月亮落下的方向往西方奔去，想把月亮留住，沒想到才剛跑出去幾步，就動不了了，於是形成今天的磨盤山西面的「犀牛望月」這個自然景觀。

❺ 大圩古墓

大圩鎮有一個罕見的古墓群，位於大圩鎮馬山東麓（俗稱七星坡）。大圩古墓中，七座古墓排列成天上的北斗七星狀，而且各墓封土堆的大小與星星的亮度有關聯，這是在中國大陸首次發現的景觀。

雖然古墓與七星的關係至今還是個謎，但當地老百姓流傳，此墓群是靖江王的宗室──附近村屯中朱姓人的先祖墳墓，可是從古墓中出土的陶盒、陶罐、青銅劍、鐵斧和石璧等隨葬品看，關於此墓群是靖江王宗室之墓一說是謬傳。它與 1974 年發掘的平樂銀山嶺，戰國至西漢墓有相似處，應屬同一時期的墓葬，有多方面的研究價值。

❻ 大圩碼頭

大圩古鎮共有 13 個碼頭，比桂林市的碼頭還多 5 個，這 13 個碼頭分別與鎮區垂直合而伸入江中，格外引人注目。比起桂北一般的碼頭，它們顯得穩重、大氣；若與北海的深水碼頭相比，則顯得小巧玲瓏、古樸秀美。

它們順灘江排列，而兩者之間卻不等距，具有一種錯落感，富有美學價值。碼頭靠岸的一端，多連有一段平地，或古榕濃蔭，或龍亭飛角，或丹桂飄香，或鳳竹搖曳，兼有實用和觀賞價值。碼頭與鎮區均有巷道相通，依坡砌級，石板鋪路，高牆夾擁，逼仄深邃，天光一線，為碼頭增添縱深感和活力。

❼ 熊村

距大圩鎮的北面 8 公里處，還有一座古老的圩場——熊村，距今已有 2000 多年歷史，比大圩古鎮還早 1000 多年。熊村內古巷、街門和石拱門都多，天向門、人壽門、德星門、紫氣門等風格迥異。村內建築以明清風格為主，以疊樑式木質結構為多，輔以青磚外牆，整體古樸典雅，線條流暢，纖巧玲瓏，具有觀賞及開發價值。

最有趣的便是熊村那條長街，一條小溪依偎著人家的門前流過，家家戶戶都很隨意的搭塊青石板，儼如一座座小橋。人們便在自家門前洗衣、洗菜，孩子們在河裡嬉戲打鬧，讓人彷彿置身江南水鄉。

雖然熊村距離大圩古鎮只有不到 10 公里的距離，但是這座千年古村卻比大圩古鎮寧靜許多。也許就是這份寧靜，讓熊村保存原始生態的樣貌，也更加吸引人。

 攻略

住宿 背包客推薦的住宿地

桂林毛洲島居別墅賓館：三層歐洲古堡式小樓，傍水而居，四面環山。這裡的房間寬敞明亮，空氣通透，推窗可見灕江河水悠悠流淌，磨盤山上雲霧繚繞，田園風光盡收眼底。

位置：桂林市大圩古鎮生產下街。電話：0135-57932588。

桂林大圩錦繡山莊：是一座文化與自然相融合的花園式綠色有機生態農莊。山莊布局依坡傍水，建築風格充滿古典風韻，環境自然。山莊有 11 間舒適溫馨的客房，客房內推開窗戶即有景，出戶是畫。

位置：桂林大圩古鎮省里村灕江畔。電話：0773-2621009。

冠岩景區
灘江邊上的地下勝景

網友推薦

　　★梅花再開　走進冠岩景區，宛如走進一個巨大、自然又奇秀的樂園，群峰競秀、碧水傳情、洞奇石美、田園如畫；冠岩地下河神祕如夢、如詩、如畫；觀光纜車讓人在田園山水間、在現實與幻想的時空中自由穿梭；雲霧山莊則像一個清麗脫俗的少女，讓人忘卻所有旅途的勞累與塵世的紛擾。

　　★紫色銀帶　冠岩景區有著獨具特色的自然風貌、田園風光及鄉土人情，為觀光遊覽的休閒勝地。在冠岩水洞口小窺灘江對岸景色，依稀可見桂林山水的「四絕」——山青、水秀、洞奇、石美融為一體，當真有如「天仙配」，難怪會有「願做桂林人，不願做神仙」的說法。

門票和開放時間
門票：人民幣 100 元。
開放時間：8：00 ～ 18：00。

進入景區交通
位置：桂林市陽朔縣草坪鄉。
交通：在桂林汽車總站乘前往草坪冠岩的旅遊專車。

在陽朔草坪鄉緊靠灘江邊有一座小山，狀如古代冠帽，叫冠帽山。山間有洞穴，奇巧幽深，叫冠岩。如今冠岩景區已經形成以冠岩地下河為中心，集旅遊觀光、會議、療養和食宿娛樂為一體，可說是桂林最大型的綜合遊覽度假區。其中冠岩全長 12 公里，規模宏大，氣勢恢宏，鐘乳石琳琅滿目、色彩斑斕。

冠岩電動觀光滑道是世界聞名的長距離觀光滑道。2000 年，經上海大世界吉尼斯總部評定，冠岩景區所屬冠岩溶洞與電動觀光管軌車，雙雙榮獲上海大世界吉尼斯紀錄。

❶ 電動觀光滑道群

冠岩景區不僅溶洞景觀吸引人，而且這裡的觀光設施也十分吸引人。1999 年底，冠岩景區建成中國大陸境內首條電動觀光滑道，使遊客可以輕鬆欣賞冠岩景區的自然風光，又能體驗貼地滑行的無窮樂趣。電動觀光滑道建成後猶如一條綠色長龍，與周邊環境甚為融合，蔚為壯觀。

整個電動觀光滑道全長 3.2 公里，電動觀光滑道車可爬坡、轉彎，安全可靠。遊客可以自行控制車速，操作簡易，動感十足，是一項極具趣味性的觀光旅遊項目。這條滑道也被上海大世界吉尼斯總部評定為大世界吉尼斯之最——最長的旅遊觀光滑道。

> 解說
>
> **電動觀光滑道**
>
> 冠岩景區電動觀光滑道採用最新技術設計製造，滑道的管軌斷面呈弧形結構，流暢自然，建設占地面積少，屬環保型高科技技術。

❷ 冠岩溶洞

　　冠岩溶洞是一個三層的水洞、旱洞相連的奇特地下溶洞。溶洞曲折，上面兩層為旱洞，洞內懸掛著各式各樣的石鐘乳，整個溶洞在燈光的照耀之下宛如仙境。最下面一層是地下暗河，長約 700 多公尺，河水清冽，譁然有聲。這種奇特的地下河景觀，在溶洞景觀中也堪稱一絕。

攻略

　　遊覽方式：洞內共有 5 種遊覽方式，步行、乘坐觀光滑道、乘觀光電梯、乘坐洞內有軌列車、在地下河中乘小木船。遊客可以先從半山腰入洞，乘坐 30 多公尺高的觀光電梯直入洞內，彷彿墜入瑤池一般，然後在景觀奇異的洞穴中遊覽，沒過多久就可看到洞內有軌電車旁，乘上小電車，穿過神祕變幻的地下峽谷，幾分鐘後便到了氣勢恢宏的棕櫚樹大廳，琳琅滿目的石鐘乳好像走進巨人國的熱帶雨林，是桂林諸岩洞的一大奇觀。欣賞完棕櫚大廳，下到地下河碼頭，乘小遊船在約一公里的暗河中探奇，更是別有風味。

冠岩景區示意圖

草坪車站

鄉吧島乘船處

往桂林市區

❸ 鄉吧島

　　鄉吧島是灕江中一座美麗的小島，森林分布率極高。這裡有百餘畝樟樹林，大片柚子林、桃樹林，更有成片的原始灌木叢點綴其間，幾座木樓掩映在綠樹叢中若隱若現，宛如世外仙境。

　　鄉吧島不僅自然風光秀麗，而且在綠草如茵的自然世界中還透著濃濃的藝術氣息。2000 年 8 月，由文化藝術組織邀請 40 多名中國大陸境內著名藝術家，在島上進行藝術創作，舉行為期八天的「人文山水」當代環境藝術展，並以此次藝術家創作的作品為主體，建成中國大陸的第一個地景藝術公園。

　　除了地景公園，鄉吧島還分為民族風情表演區、民族特色建築區、陶瓷雕塑群區、休閒娛樂小品製作區等，這些分區都提升鄉吧島的藝術氛圍。

❹ 桃李園

　　冠岩景區還有優美的自然風光，景區內的桃李園，清風習習、李味飄香，為遊客設立石桌和石椅，是遊客休息的絕佳場所。

整個園內有 2600 多棵李樹，500 多棵桃樹。這些樹都有 40 年以上的歷史，而且品種繁多，有大水李、黃皮李、脆皮李、平頭李、朱砂李，其中以朱砂李的品質最好，是草坪三大特產之一。

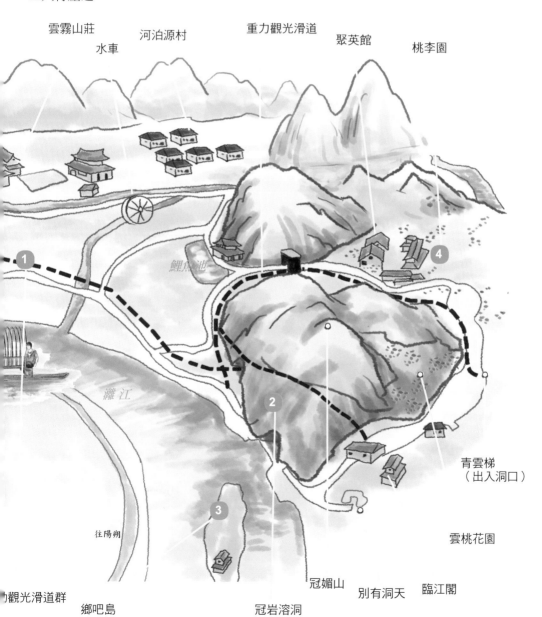

雲霧山莊　　　　河泊源村　　　　　重力觀光滑道
　水車　　　　　　　　　　　　　　　聚英館　　　桃李園

鯉魚池

灕江

往陽朔

青雲梯
（出入洞口）

雲桃花園

觀光滑道群
　鄉吧島　　　　　　　　冠媚山　　別有洞天　　臨江閣
　　　　　　　　冠岩溶洞

古東景區
可以觸摸的灕江之水

★天下第一　在古東景區，人與自然的相互律動，這種獨特的旅遊模式在它的詩情山水間，演繹著「仁者樂山，智者樂水」的篇章。獨創的環保與旅遊相結合的方式更別具一格。最棒的是，這裡的瀑布是可以攀爬上去的！

★小蝴蝶之星　一湖流淌著歌聲的水面，楫槳的起落間，彷彿看到劉三姐盈盈而出，竹排、桃李、木樓和生活、愛情，都在她的山歌裡盡情傾訴，甚至可以在那絢麗的繡球拋出處找到甜蜜愛情。

門票和開放時間
門票：人民幣 60 元。
開放時間：8：30 ～ 17：30。

最佳旅遊時間
四季皆宜，夏季最佳，這時候雨水豐富，是觀賞瀑布的好時節。

進入景區交通
位置：桂林市靈川縣大圩古鎮東面。
交通：古東瀑布與冠岩景區在一條線上，在桂林汽車總站乘前往冠岩的專車，在古東瀑布下車即可。

　　古東景區是中國大陸境內唯一一個由地下湧泉形成的多級串聯瀑布，同時也被譽為「可以觸摸的瀑布」。

　　古東景區主要由瀑布群所在的靈水峽、廣闊的楓林畫廊以及千藤險徑叢林區組成。景區擁有靈瀑、幽潭、怪藤、紅楓四絕，有聽濤賞蝶、走瀑戲浪、踩紅葉、鑽藤網、洗冰泉、聞楓香等多種玩法。

❶ 生態環保主題廣場

　　景區擁有植物 105 科 458 種，其中，國家保護的珍稀瀕危植物 7 種；另外，還有昆蟲 100 多種，蝴蝶類 50 多種，為此景區內特別設置生態環保主題廣場。該廣場被譽為「生態旅遊典範」，在生態環保主題廣場可以讓遊客對保護環境、愛護家園、促進人與自然和諧發展的理念有新的認識。

❷ 靈水峽

靈水峽是古東景區內瀑布群所在地，最吸引人的瀑布群景觀便是八瀑九潭。九級瀑布形態各異，有的如鴛鴦戲水，有的如蛟龍噴水，有的在長滿青苔的岩壁上，瀑水如布。

在九級瀑布中的第八級瀑布，落差雖然不大，但溪流一左一右、一大一小、朝夕相伴、剛柔相濟，大的有陽剛之氣，小的顯陰柔之美，形成好似鴛鴦戲水的奇觀。此外，在靈水峽有一塊被綠色植被環擁的拱形岩石褶皺，因為非常像一隻眼睛，所以人們都戲稱它為「古東之眼」。

遊客可以戴上安全帽，踏古東八瀑九潭而上，踏進水中就立刻感受到灘江水帶來的快意。整個身體都浸溼了，心跳瞬間變快，這種身心的悸動和快樂真是無法用言語形容，溪水在腳邊流動，雙手摸著岩石，聽著歡快的流水聲，一切憂愁都煙消雲散。

> 攻略
>
> **攀爬瀑布**：這裡的瀑布不但千姿百態，適合欣賞，而且還可以攀爬上靈水峽的瀑布。其中，走瀑戲浪便是景區一個非常受歡迎的景點。「觀水不如戲水」，在這裡只要穿上溯溪鞋，戴上安全帽，就可以和灘江水做一次親密接觸。

旅遊小 Tips

遊客在玩水的時候非常容易弄溼衣服，所以最好穿較容易乾的衣物，或者多帶一些換洗衣物。

❸ 楓林畫廊

景區內的紅楓林有 3000 多畝，構成一條絢爛多彩的楓林畫廊，規模如此大的紅楓林在世界各地都不多見。每到秋冬季節，走進楓林畫廊，展現在遊客面前的是一片漫山紅遍，南國香山的絕美景象。

攻略

最佳觀賞地：景區內有一座長 200 公尺、高 80 公尺的吊橋，這座吊橋上是欣賞紅楓美景最好的位置，而且還非常驚險刺激。

速滑溜索：乘坐速滑溜索可以飽覽紅楓林絕美的景色，下山時可以選擇坐滑索，2 分鐘就可以下山，驚險刺激，節省時間。

古東景區示意圖

古東溪：其源頭海拔在比灕江水位還高出 180 公尺的情況下，是目前中國大陸境內唯一一處由地下湧泉形成的多級串連瀑布。

❹ 千藤險徑叢林區

古東瀑布景區是一個生態環保名勝區，有奇特的瀑布景觀，千藤險徑叢林區也讓人感到耳目一新。叢林內有形態各異的藤蔓，走進千藤險徑叢林區，有如進入好萊塢影片中的叢林境地，感覺驚險刺激。

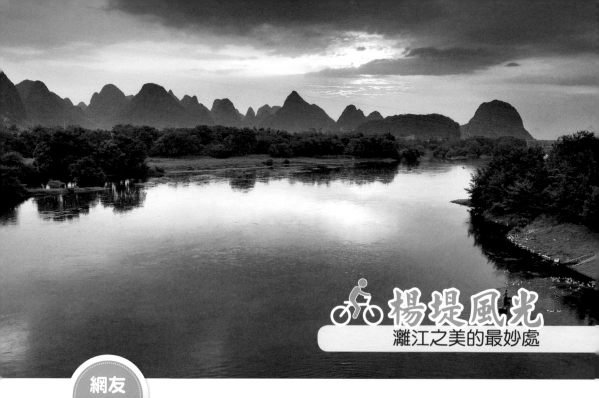

楊堤風光
灕江之美的最妙處

★水中魚　百里灕江，「一山一水一詩題」，宛如一幅「詩中有畫、畫中有詩」的彩墨山水長卷。如果將灕江比作一首長長的抒情詩，那麼桂林至興坪僅是詩的序曲，舟過興坪到楊堤，帷幕上如一道天幕徐徐拉開，美麗的陽朔風光撲入視野，這才是這首詩的主旋律。

★小點心　楊堤是「九山半水半分田」的典型山區，民風淳樸。這裡遠離都市的喧鬧，沒有現代工業的污染。這個江段曲折蜿蜒，碧水縈迴，景點密布，奇峰倒影，竹木蓊鬱，最能領略「江作青羅帶，山如碧玉簪」的妙處。

門票和開放時間
門票：楊堤鄉不設門票。
開放時間：全天開放。

進入景區交通
位置：桂林市陽朔縣楊堤鄉。
交通：1. 桂林沒有直達楊堤的車，可以從桂林搭班車（在火車南站廣場的汽車站搭前往陽朔方向的車）到楊堤路口下車，等楊堤班車進去，或者直接搭車到陽朔，然後轉車去楊堤。
　　　　2. 從陽朔前往：乘坐前往楊堤的班車或者從興坪乘船逆流而上到楊堤，再徒步回興坪。

楊堤景區北起楊堤官岩村，接興坪景區，約 18 公里江段，是灘江的黃金水段。楊堤是陽朔的水上門戶，又是灘江流入陽朔之後的第一個景區。儘管它是一個小小的鄉鎮，卻是灘江沿岸不可或缺的地方。

尤其是每到枯水季節，桂林斷流，不能通航，而楊堤江段則暢通無阻，楊堤碼頭成為遊客往返必經之路。所以，人們稱楊堤是灘江上永不乾涸的黃金水道。而且這個江段曲折蜿蜒，碧水縈迴，景點密布，奇峰倒影，竹木蓊鬱，是最能領略灘江「江作青羅帶，山如碧玉簪」的妙處了。

❶ 繡山

繡山位於灘江東岸，距離冠岩景區不到一公里。繡山呈巨幅峭壁，壁間有似紅黃綢緞般錦繡，飄飄然若行雲之象，故稱繡山，其實繡山是取自錦繡山河之深意。繡山山高 100 多公尺，由紅、紫、赭、綠色的寬闊石壁組成。山有兩個岩洞，背面的叫南岩，又稱繡山岩；正面的叫北岩，亦稱青衣洞，能容納千人。山頂灌木叢生，崖壁上有一石，酷似一座裝在假山上的瓷塔，人稱「八卦」。

> **故事**
>
> ### 繡山傳說
>
> 相傳繡山是上古時代，女媧娘娘煉石補天時，把一塊煉過的石頭放在江邊，等待熱焰消退。這塊石頭上半部有錦繡般的雲景，下半部靠近水面的地方有八仙過海圖案。當陽光印照下來，這塊石頭就變成繡山，成為天地間獨特的寶物。
>
> 後來，托塔李天王怕有妖魔盜竊，就把靈通寶塔放在此處鎮守，所以有玲瓏寶塔在繡山的左下角石壁間，塔不大，共三層，每一孔窗櫺上都有精美雕飾。

❷ 半邊渡

半邊渡距離繡山約往南 5 公里，在楊堤灘江岸邊有一座高聳的山脈，山勢高大雄偉。山下有一條橫路，被削壁深潭阻隔，行人須乘渡船才能前行，由於同岸設渡，故叫半邊渡。

半邊渡有三奇足以讓人稱絕，石壁峻峭如刀切，高約 60 公尺，長約 200 公尺，氣勢磅礴，極為壯觀，此為一奇；同在一岸也須擺渡，到對岸的浪洲村又須過渡，形成一江兩岸三碼頭的景觀，人稱三角渡，此為二奇；光滑的峭壁上，石紋斑駁，形似各種禽獸，有一處「張果老倒騎毛驢」形象逼真，栩栩如生，石縫間，草木側生壁上，如同神功所為，此為三奇。

半邊渡奇特的自然景觀自古以來就備受人們稱頌。1637 年，明代旅行家徐霞客遊灘江時，對這個景觀也感覺很驚奇。1974 年，曾有位元帥遊江到此，拍手稱奇，並欣然作詩一首：「乘輪結伴飽觀山，右指江頭渡半邊。萬點奇峰千幅畫，遊蹤莫住碧蓮間。」

❸ 幽境桃源

　　過了半邊渡就進入桃源村地界，從半邊渡到桃源村有一條小路，踏上這條小路，東面是風光旖旎的灕江，西面是一片平曠的田野，只見阡陌縱橫，作物如茵，村民耕牛勞作，淳樸厚道。田野之中，一個村莊掩隱在綠樹叢中，炊煙嫋嫋，屋舍若隱若現，這就是桃源村。

　　若是陽春三月，村前桃紅柳綠，青竹滴翠，村後青峰挺拔，山間流水潺潺，這裡就變成陶淵明筆下「芳草鮮美，落英繽紛」的世外桃源。

> **攻略**
>
> 　　遊覽方式：遊覽桃源村，可乘船順江觀賞，也可登岸徒步遊覽。徒步遊覽更能貼近自然，縱情山水，也是健身休閒的有益運動。

❹ 仙人推磨

　　桃源村對岸有一座小山，稱人仔山。山頂有一巨石，直徑約 3 公尺，扁圓如石磨，被譽為「仙磨」；磨旁一塊巨型的傾斜立石，與「仙磨」一起，宛如人推石磨狀，形象逼真，合稱「仙人推磨」。

> **故事**
>
> **仙人推磨傳說**
>
> 　　相傳羅漢山的出米岩下，住著 18 戶人家，一戶是財主，其餘都是財主的佃戶。佃戶辛勤耕耘，仍不得一飽。有一位仙人推動「仙磨」磨石成米，米從羅漢山中的出米岩流出，剛好足夠養活 17 戶人家。財主聞訊後，把 17 戶人家趕走，獨霸出米岩，並鑿大岩口，在岩前建起 2 座倉庫，想把米儲存起來。誰知從此竟一粒米也不流出，反而從洞中颳起一陣怪風，把財主捲進江心淹死。

❺ 月光島

　　月光島是灕江沿岸的一座江心小島，距離楊堤鄉北一公里左右。因從高處鳥瞰，其形宛如農曆初七、八的月亮映照灕江上而得名。島上樹木繁茂，天然生長的草皮又厚又軟，在灕江的滋育下，四季常綠。

　　月光島東西兩面聳立著惟妙惟肖的鼓棍山、金雞山、羊角山、白虎山，山巒堆疊，如春筍破土。如遇雨天，薄霧蒸騰，好似輕紗籠罩群峰綠水，隱約迷離。許多詩人、畫家、攝影師到此創作，常流連忘返。國畫大師徐悲鴻的名作《灕江煙雨》正是從這裡獲得靈感而創作出來。

遊玩的時候若是春夏季節，會更加翁翁鬱鬱，呈現出勃勃生機；若是秋天，烏桕樹開始轉紅，深冬時紅得最豔，綠葉與綠樹相間，紅葉有青山陪襯，有綠水縈繞，色彩鮮明，內涵豐富，因此月光島的紅葉也頗具盛名。

攻略

攝影：月光島景色迷人，尤其是在雨天顯得更加朦朧迷人，因而這裡也是攝影師拍得好照片的地方。

❻ 白虎山水簾洞

月光島正對岸是白虎山，因其石壁斑紋形似一隻白額大老虎而得名。白虎山半山壁上有一條瀑布凌空而下瀉入灘江，號稱「水簾洞」。瀑布無論流瀉多大的水都不會混濁，無論天氣多乾燥也不會乾涸，四周圍全是高山，卻找不到水的源頭，十分奇特。水簾洞內險象環生，是探險愛好者追求刺激的好去處。

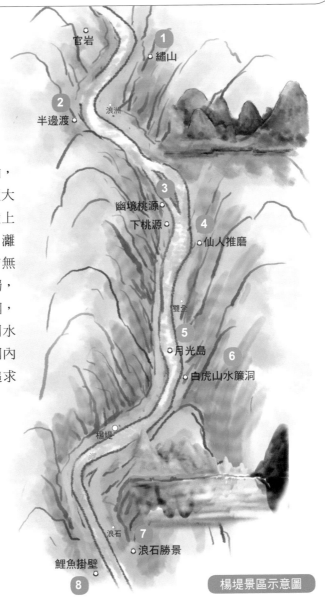

楊堤景區示意圖

❼ 浪石勝景

　　浪石村因村前有一片凸起的礁石激起陣陣浪花而得名，村內風景秀麗，灘江汛期，不時湧起的浪花衝擊著形狀各異的礁石，展現出一幅廣闊、氣派的壯麗畫卷。村後山巒起伏，樹木蔥蘢，極像一幅詩情畫意的水墨畫。

　　浪石村不僅旖旎的風光讓人迷醉，而且這個村的古建築、古文化更讓人震撼。該村建於 1740 年，距今近 300 年，村裡保存完好的古民居有 20 多座，每座青磚墨瓦、飛簷翹角，極具觀賞價值。

攻略

　　欣賞古民居：浪石村的古民居做工精細的木門、木窗煞是好看，有的還精心地刻上牡丹、菊花等「花開富貴」的圖案，或是鑲嵌著麒麟、雄獅、猛虎等吉祥物，精雕細刻、惟妙惟肖。

　　遊沙洲：浪石村的江心有一個沙洲，沙洲上生長著各種樹木。進入秋季，不同樹木的枝葉便呈現多種顏色，例如翠綠、火紅、橙黃等，極像一幅詩情畫意的水墨畫。

連結

　　灘江小三峽

　　乘船經過這裡便如同鑽入峽谷，浪石以下十餘里，奇峰聳立，形成兩道夾江的天然綠色屏障，山高天窄水曲，灘江宛如一條綠色的綢帶在峽谷中蜿蜒穿行。近代著名文學家郭沫若在詩中描寫道：「神奇景物疑三峽。」因此這一段景觀就有了「灘江小三峽」的美譽。

❽ 鯉魚掛壁

　　在楊堤碼頭下游 1 公里處，有一道長約 100 公尺、高 30 公尺的石壁橫於江頭，壁紋形似一條逆水而上的大鯉魚，頭、眼、尾、鰭俱備，生動傳神。乘船近距離觀察石壁，大鯉魚中間還有一條紅色小鯉魚順水而下，頭、眼、尾、鰭也形象清晰，整個石壁如同一幅傳神的壁畫，這便是「鯉魚掛壁」。

> **攻略**
>
> 　　**遊覽方式**：遊楊堤可以選擇乘竹筏自楊堤順江而下，如果有足夠的體力，也可以徒步從楊堤到興坪。
>
> 　　**欣賞灘江煙雨**：楊堤是欣賞灘江煙雨的好地方，灘江煙雨是灘江風景一絕。每當煙雨季節，這一帶就會雲霧繚繞，景色變幻莫測，顯得十分神奇。
>
> 　　**攝影**：如果乘車去楊堤，車到楊堤前要下一個大坡，最好在坡口下車，隨即能看到灘江，順著右邊的山間小路往山上爬，約 20 分鐘到達山上的電視發射塔下，選好角度後即可拍攝，向北可拍到楊堤風光，往南可拍到浪石遠眺。

專題 灕江精華徒步遊

　　從桂林到陽朔這80多公里的灕江水路，楊堤至興坪這一段向來被譽為最高潮迭起又精華的一段。

　　這個精華地段，遊客可以經由水路遊覽，如果是乘船，最好把起點設在興坪，上午乘船而上，下午再徒步回來。從興坪到楊堤乘坐竹筏時，一定要跟船夫講好遊覽時間不少於2小時，否則船夫很快就會將遊客送到楊堤，如此一來，便錯過許多美景了。

當然對於如此美景，如果只是在景區裡坐著竹排順流而下，用眼睛快速看一下廣告文宣品上的經典場景，然後就結束行程，那就太辜負天生麗質的灘江山水。灘江真正的美需要仔細端詳，用腳來丈量。

楊堤至興坪這一段全程約 20 公里，要走 5 ～ 6 小時，期間要擺三次渡。灘江兩岸的人行步道很好走，多半是沿江的小路和田埂，不需要上山、下山。沿路有多戶人家，很容易找到當地人問路，不用擔心迷路。水不用多帶，走一個小時左右就能碰到一個村子，可以去買水。沿途風光旖旎，與坐在遊船上純粹觀望和欣賞相比，徜徉於秀甲天下的山水間，那種融於大自然的感覺，非言語所能表達。

這一段灘江精華徒步需要收人民幣 16 元，從楊堤渡口過江到東岸，便到浪石村。沿江的老街上有不少值得一看的老房子。從浪石村再往前走一個半個小時就會走到冷水江的小村，在這個小村的河灘上有很多觀景點，而河的對岸便是有名的「九馬畫山」。

此時楊堤到興坪的路就走一半了。

上岸後沿著江邊走，風景非常好，可以看到著名的「黃布倒影」。再走約 2 個小時就到興坪，興坪朝笏山前的路邊，有一處天然形成，開闊又高大的平臺，非常適合看風景。坐在平臺上看落日餘暉下的灘江山水，是一種難得的享受。

到了興坪，穿過老街，過灘江上的興坪大橋，沿小路經過一所中學，到此處，美麗的灘江徒步遊也就快要結束了。

旅遊小 Tips

1. 最好結伴而行，至少是 3 人以上，途中可以互相幫助、照顧。行李帶得少而輕，一定要攜帶雨傘、指南針、地圖，穿平底、好走的鞋子；記得帶些常用藥品，如綠油精、消毒用酒精、OK 繃等。
2. 出發前就應查清楚需要經過地區各方面的情況、自己的身體狀況（例如下肢血管病、皮膚潰瘍及扁平足症者不宜徒步），以及當時的氣候條件。
3. 夏季徒步旅遊時，要避開上午 11 時至下午 3 時這段最熱的時間，而且要戴帽子，攜帶足夠的飲用水，以免中暑。
4. 掌握步行速度，一般是兩頭稍慢，中間稍快，開始時要慢行，習慣後再加速。休息地點應避免烈日直晒和低窪、潮溼處。

興坪古鎮
最美灘江景

網友推薦

★蘋果的想念　灘江在興坪古鎮轉一個大彎。興坪依山傍水，風景薈萃，是灘江沿岸最美麗的古鎮。這裡的古橋、古渡、古亭、古戲臺、古廟、古寨、古樹和古村落建築群，完整保留原有的歷史環境風貌，身臨其境，仍可領略「老街長長，古巷深深」的意趣。

★一閃一閃　興坪古鎮有著名的灘江美景「九馬畫山」、最具自然景觀的「黃布倒影」以及總統漁村、蓮花岩奇觀、石板鋪就的老街、百年大戲臺等，到如此美麗的地方，不管是看山還是看水，都非常值得。

門票和開放時間
門票：蓮花岩門票人民幣 70 元，漁村門票人民幣 10 元。**開放時間**：全天。

最佳旅遊時間
　　最佳旅遊季節是每年 4 月～ 11 月，這段時間是灘江的豐水期，此時江水充盈，四周景色更加優美。

進入景區交通
位置：桂林市陽朔縣興坪古鎮。
交通：可在陽朔汽車站搭乘前往興坪的客車。20 分鐘一班，車程約 40 分鐘。

　　興坪古鎮依山傍水，風景薈萃，粉牆烏瓦石板小巷，是灕江沿岸最美麗的古鎮。興坪古鎮距今已經有 1700 多年，歷史悠久。如今在古鎮還能看到許多保存完好的古建築和斑斑的歷史痕跡。

　　除了悠久的歷史，如詩如畫的興坪旅遊資源也非常豐富。這裡有著名的九馬畫山、黃布倒影、僧尼鬥嘴、朝板山、榕潭覽勝、霧繞青螺；有神祕、古樸的漁村；有堪稱世界岩溶奇觀的蓮花岩。古往今來，興坪秀麗的山水，引得無數騷人墨客為之陶醉。

❶ 興坪古街

　　在興坪鎮中心最能表現興坪古老一面的地點，便是長達 1 公里的興坪古街，這是一條悠長的石板街。古街的兩旁有各省的會館建築，現在有保存完好的各類磚瓦結構古建築。城牆輪廓尚清，隨處可見古磚瓦陶瓷殘片，只是原來「車馬來往人看人」的繁華縣城已經不可見，轉而呈現出一派青山幽幽、村舍幾座的蕭靜氛圍。

❷ 萬年戲臺

　　興坪古街邊的關旁廟，距今已有 200 多年的歷史。廟內的萬年戲臺，為桂北地區較為古老又保存完好的清代戲臺，對廣西的戲曲史及沿革衍變具有研究價值。如今已經闢為博物館，陳列著當地周圍出土的文物。

❸ 漁村

　　除了興坪古街上的文物古蹟，興坪古鎮現尚有眾多文物古蹟，主要集中在興坪古街及離鎮約 2 公里遠的漁村。因為孫中山先生和美國前任總統科林頓都曾經到這裡來旅遊，所以這裡也被當地人稱為總統漁村。

　　村中房屋與圩上古建築風格相近，青磚黑瓦，坡屋面、馬頭牆、飛簷、畫棟、雕花窗、鱗次櫛比，結構獨特，具有典型的明清時期桂北民居特色，距今有近 500 年歷史，仍保存完好。

❹ 老寨山

　　老寨山位於陽朔興坪古鎮老街頭灘江榕樹潭碼頭邊，是觀賞興坪山水的最佳去處，為舉世聞名的攝影點。老寨山高 200 多公尺，有人工修葺的石徑通山頂。在山頂極目遠眺，山環水繞，興坪佳境盡收眼底。灘江在興坪 180 度大轉彎，登頂老寨山則可以盡覽這個美景。

解說

　　老寨山雖不高，但有 1100 多級曲折峻峭的盤山石徑階梯直通山頂，是由一位名叫林克之的日本人，在 1996 年歷時 2 年修建而成。據當地人介紹：1996 年夏，日本長野縣諏訪市林克之先生在登臨老寨山後，對於自然秀麗的山水風光、相得益彰的人工建築有所感悟，遂奔波日本各地籌措到人民幣 10 多萬元，歷時 2 年，一個人在 1999 年秋天將登山道修好，並建成兩座觀景亭，一是建於山頂的「友好亭」，二是建於山腰原八角亭遺址的「和平亭」，取「中日友好和平」之意。隨後，林克之先生常住興坪，並在山腳下開了一家「老寨山旅館」。2002 年，娶了一位中國太太，便在此定居。

興坪古鎮示意圖

❺ 大河背村

　　大河背村，位於陽朔縣興坪鎮碼頭對岸，是三面環水、一面靠山的綠色小半島，島上土地平坦、肥沃。整個小島形似一個完整的烏龜背，因而叫作大河背村，村內生態保持極其完好。村子四周竹林環繞，果木成林，背面矗立著秀麗的駱駝峰和田螺峰。置身村間，鸕鷀游魚，農田綠樹，就是一幅灕江山水的 360 度全景圖。

攻略
　　食宿：村裡有不少當地人經營的民宿，無論內外環境都很好，非常舒適。衛生條件還不錯，只是用餐稍貴。店家一般都有自家的竹筏，可以直接安排游江。

❻ 黃布倒影

離大河背村對岸北面的不遠處便是黃布灘。俗話說：「灕江山色之美，美在倒影中；灕江倒影之美，就數黃布灘倒影最為醉人。」因為這裡江流清澈，碧綠透底，從水面上可以看到江底有塊米黃色的大石板，長、寬各數丈，恰似一匹黃布平鋪在河床上，黃布灘由此得名。

在灘的左右兩岸，有大小不一的七座山峰，好似仙姑浴水而出，人們將它稱作「七仙女下凡」。在晴天無風的日子，她們的倩影倒映在江中，十分清晰，簡直令人分不清水上青山和水中倒影，於是形成「黃布倒影」的景色。20 元人民幣的背景圖案便是黃布倒影。

> **攻略**
>
> 攝影：這裡水平如鏡，青峰倒影十分清晰，是沿江攝影的最佳地點，有「分明看見青山頂，船在青山頂上行」之感。

❼ 九馬畫山

從興坪溯江而上 4 公里便到九馬畫山。九馬畫山五峰連屬，臨江石壁上，青綠黃白，眾彩紛呈，濃淡相間，宛如一幅神駿圖，故名九馬畫山，簡稱畫山。九馬栩栩如生，神態各異，或立或臥，或奔或躍，或飲江河，或嘶雲天，正是「馬圖呈九道，奇物在人間」。

來到九馬畫山不僅可以欣賞到「九馬」的神奇景觀，還可以進行驚險刺激的漂流活動。九馬畫山峽谷漂流景區是陽朔風景區唯一集漂流、溯溪、露營、徒步、攀岩、野戰和滑道、戶外拓展於一體的綜合型休閒旅遊景區，是灕江邊上最精華的景色，可選擇徒步或騎車遊覽。

> **攻略**
>
> 門票（人民幣）：峽谷漂流 180 元／人，桂林市民價 100 元／人；徒步灕江景區至九馬畫山 2.5 公里 20 元／人；自助燒烤和篝火晚會 35 元／人；帳篷露營 60 元／人；農家自助餐 25 元／人。
>
> 漂流：九馬畫山峽谷中，險峻奇特的喀斯特地貌使得沿途奇彎異轉，山巒跌宕，形成別出心裁的漂流路線。漂流河道從雲湧八仙景點開始，全長 3.5 公里，整體落差達 180 公尺，從高空看，恍如一條玉帶蜿蜒於峽谷中。約須一個半小時，即可完成一次「全程心跳的安全漂流」。
>
> 露營探險：也可以在九馬畫山的附近紮營，灕江很美，風景絕佳。徒步灕江過程中，可在畫山腳下安頓紮營，燒烤野炊，徹底體驗一次野外生活。
>
> 攝影：九馬畫山下的村子冷風渡面積大，也很熱鬧，草地非常平整，而且足夠紮 100 頂帳篷，是拍攝九馬畫山的絕佳場所。

PART 1

連結

九馬畫山的傳說

傳說畫山上的馬本是天宮神馬，趁齊天大聖孫悟空任「弼馬溫」時看管不嚴，便私下凡間，在灕江邊飲水時，被一位畫工看見，想描繪下來，結果馬群受驚，慌亂中誤入石壁而永留人間，由於牠們均為神所變，因而形態各異，難以辨認。

歷史上流傳著這樣的歌謠：「看馬郎，看馬郎，問你神馬幾多匹？看出七匹中榜眼，能看九匹狀元郎。」說明辨認畫山的「馬」可不是易事。此外，畫山山麓還有飲馬泉，泉旁石壁上刻有清代阮元的「清灕石壁圖」幾個字清晰可見，是歷史的見證。

❽ 蓮花岩

蓮花岩位於興坪鎮白底村東側，因岩內有化學沉積形態石蓮花（亦稱雲盆），故名蓮花岩。蓮花岩岩體如瓶，內寬外窄因岩口狹小，只能匍匐才能進去，所以也叫匍地岩。

蓮花岩洞內最吸引人的便是「蓮塘奇觀」，塘內有一百多個雲盆，最大者直徑達一公尺多，狀若圓桌。春夏季節裡，塘水盈積，僅露出其圓頂平面，酷似片片蓮葉浮於水面，令人歎為觀止，故稱「蓮塘奇觀」，是中外罕見的岩溶地貌奇景，也是蓮花岩諸景的精華部分。

蓮花岩的由來

1964 年，有工作組到蓮花岩考察，當時是 4 月中旬，洞內積水多，工作組中的金教授見這些磐石就像浮在水面的蓮葉一樣，而且盆中又有許多渾圓的小石子，活像蓮子，於是稱它為「蓮花盆」，稱這片景觀為「蓮花池」。金教授認為該岩極有價值，將這個奇景稱為「蓮塘」。於是「匍地岩」中的蓮塘奇觀由此傳開。人們在談論此奇景時都將這些雲盆稱作「蓮花盆」，時間一長，就將此岩轉稱為「蓮花岩」，而不再稱其為「匍地岩」了。

❾ 相公山

相公山位於陽朔縣興坪鎮內，是鎮內的出名高山。登上相公山舉目遠眺，群峰排列有序，蜿蜒流淌的灕江甚是美妙。一年四季都是拍照的最佳場所。這裡的雲海、日出、光影、彩霞等，吸引著無數攝影愛好者來此取景。

旅遊小 Tips

登相公山一般都要在天亮前爬到山頂，拍攝日出、雲海、彩霞。上山要注意安全，並攜帶手電筒照明，如果器材太過笨重，也可以聘請當地居民協助扛物品上山。

❿ 騰蛟庵

騰蛟庵位於興坪鎮內，螺絲山上的螺絲岩。騰蛟庵廟不大，廟門上書三個黑色楷書大字「騰蛟庵」。螺絲岩洞邊怪石林立，有蛟龍汲水，有神龜暫歇，栩栩如生，洞內彷彿深不見底。洞內石壁上可看到一尊天然觀世音菩薩像，彷彿天工，十分奇妙。面對騰蛟庵外如詩如畫的灕江山水，在庵裡和眾僧人、尼姑、居士等同食齋飯，談經論道，別有一番寧靜。

> **故事**
>
> ### 騰蛟庵的來歷
>
> 相傳，興坪鎮古皮寨人何騰蛟乘船上京應試時經過此庵，狂風四起，暴雨不止，遂在庵前泊船，跪拜於庵內，作揖許願曰：「吾上京應試，望神靈看書風止寸助吾前行，若應試遂願，誓重建精舍重塑金身，以弘佛法以慧眾生。」言畢，風停雨止，何順奔前程，上京應試後果然中了二甲進士，官拜湖廣巡撫後，依誓還願重修廟宇，騰蛟庵由此得名。

⓫ 大源林場國家森林公園

大源林場國家森林公園位在興坪古鎮東南面 5 公里左右，公園內有多種國家級保護的動植物。此外，公園內還有多個大小峽谷，怪石嶙峋，野趣橫生，谷深清幽，猶如人間仙境。公園的天象變化無窮，有龍山雲霧、綠巒朝暉、日落彩霞、霧淞雪景等。

攻略

住宿 背包客推薦的住宿地

興坪鎮上有許多住宿的地方，包含一些非常有特色的民宿，類型多樣，可滿足遊客的各項需求。價格上，會因旅遊淡、旺季而有波動。

老地方國際青年旅舍：這是一家推開客房窗戶，就可以看到蜿蜒的灕江、獨有的喀斯特地貌的石筍狀山峰的旅社，還有溫馨舒適的交流空間，十分適合年輕人入住。

位置：陽朔縣興坪鎮榕潭街 5 號。電話：0773-8702887。

綠洲小苑：由三棟風格各異的農家旅館構成，共有 15 間各種類型的客房，其中觀景房 7 間。滿庭濃蔭密蓋，木質閣樓乾淨典雅，四面環山，透過房間的窗戶便可以欣賞窗外優美的山色。觀景三人房，人民幣 150 元起。

位置：興坪鎮大河背村。電話：0773-8703482。

灕江興坪農家客棧：位於灕江中部風景最漂亮的興坪碼頭附近，共有 10 間客房。客棧依山傍水而建，面向灕江，觀景效果一流，在房間裡可以欣賞灕江五大景點之一「黃布倒影」。觀景標準房 120 元起。

位置：興坪鎮畫山村。電話：0773-8703411。

美食 老饕一族新發現

米花糖：坪鎮內有當地居民親手製作的傳統米花糖，香甜可口，十分值得一嚐。

老段桂林米粉店：位於興坪古街上，是一家人氣很旺的小吃店。米粉的湯底配料豐富，微酸微辣，非常開胃，百吃不厭。

PART 2
桂林城區

獨秀峰·靖江王城景區
閱盡王城知桂林

網友推薦

★竹海　踏進王城，登上獨秀峰，會感受到靖江王府當年的巍峨壯麗；目睹奇妙的自然風光與中國傳統的建築、園林藝術的完美結合；領略千年累積的桂林山水文化，以及豐富多彩的歷史文化。

★微微一笑　這是一個自然山水風光與歷史人文景觀相結合的美景，「桂林山水甲天下」這個千古名句的真蹟題刻就出於此。走進靖江王城，也就打開桂林的歷史文化大門。

門票和開放時間
門票：人民幣 130 元，6 歲以下或 120 公分以下的兒童免費。
開放時間：春季 7：30 ～ 18：00，夏季 7：30 ～ 18：30，冬季 8：00 ～ 18：00。

進入景區交通
位置：桂林市秀峰區王城路 1 號。
公車：乘 1、22、30 等路到市區中山中路樂群路口站，往東 50 公尺；或乘公車 10、11、18、98 等路線到市區解放東路解放橋站，往北步行 100 公尺。

獨秀峰·靖江王城景區位在桂林市中心，美麗的灕江沿畔，是被中國大陸官方定為國家 5A 級旅遊景區、全國重點文物保護單位，也是桂林城市和歷史文化的發祥地，更是中國大陸目前保存最完整的明代藩王府遺址。

景區內有平地拔起的獨秀峰、清代桂林四大名池之一的月牙池、文化內涵豐富的靖江王府陳列館、模擬古代建成的廣西貢院科考號舍以及大量摩崖石刻等特色景點，是一個歷史人文景觀和自然山水景觀完美結合的景區。

❶ 靖江王城

靖江王城是明太祖朱元璋的姪孫朱守謙被封為靖江王時所修造的王城，城內有承運門和承運殿。圍繞宮殿主體建築，還廣建樓堂廳院，亭閣軒室，構成一個金碧輝煌、規模宏大的建築群。靖江王城比南京故宮還早建 30 年，是南京故宮的縮影。

靖江王城先後經歷 14 代靖江王，後來被清朝定南王孔有德所占而成為定南王府。農民軍李定國攻克桂林後，孔有德縱火自焚，使有 250 多年的王城化為焦土。現在王城尚完好，還有承運門、承運殿的臺基、石欄和雲階玉陛供人遊覽。

承運門：承運門是靖江王府正大門，取義「奉天承運皇帝詔曰」。整個承運門氣勢森嚴，昭顯出靖江王城的大氣。

承運殿：承運殿是靖江王城的主殿，承運殿坐北朝南，七開間五進深、二重簷，依照初封時的親王制。其中，高大的臺基雕欄、石欄、雲階玉陛均為明代原物。承運殿前的雲階中段，雲紋浮雕禦道的工藝非常精湛，保存也十分完整。

攻略

　王城內承運殿現闢有《王城春秋》展覽廳，完美演繹桂林明代歷史文化的變遷。

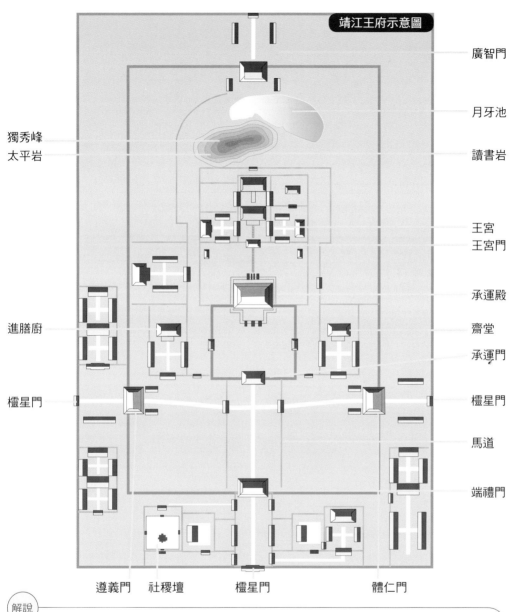

靖江王府示意圖

廣智門
月牙池
讀書岩
王宮
王宮門
承運殿
齋堂
承運門
櫺星門
馬道
端禮門

獨秀峰
太平岩
進膳廚
櫺星門

遵義門　　社稷壇　　　櫺星門　　　　體仁門

解說

王城歷史

　　朱元璋建立明王朝後，為了鞏固一統天下的局面，採取「夾輔王室」一招，首封十大藩王，其中特封姪孫朱守謙為桂林靖江王。洪武五年（1372 年），還在南京的靖江王府派出長史趙塤一群人來到桂林，踏勘風水，尋找吉壤。

　　明清時代，風水學已是帝王建築的精神支柱，他們最終選擇在獨秀峰南麓，原元順帝的潛邸建築王府，重修府邸，歷時二十多年，建成比北京故宮早三十多年，酷似南京明內宮的靖江王府。

❷ 獨秀峰

　　獨秀峰與疊彩山、伏波山呈三足鼎立，是桂林市內主要山峰之一。獨秀峰遠近諸山環繞，猶如群臣朝拜，形成「孤峰不與眾山儔」的王者氣象，笑傲群山，被稱為「群山之首，眾山之王」。

　　獨秀峰側看如直筆，如神柱，有「南天一柱」美譽。每當晴日，旭日東昇或夕陽西下，江天雲霞和落日餘暉潑灑在昂然挺立的獨秀峰上，從遠方向去，儼然一位披上紫袍玉帶的帝王在指點江山，因而獨秀峰又得一美名為「紫金山」。在獨秀峰旁還有仰止亭和紀念孫中山的不死紀念碑，也值得一看。

獨秀峰示意圖

三官廟

月牙池

拱辰門

玄武閣：閣旁有龜蛇合形玄武石像，為歷代靖江王祈神拜佛處。

觀音堂

獨秀峰前段山徑陡峭，後段稍平緩，山路上能欣賞到許多摩崖石刻。

靈官廟和山神詞

> **攻略**
>
> **登高賞景**：獨秀峰有「桂林第一峰」之稱，登上獨秀峰四望，雲生足下，星列胸前，山峰環立，碧水縈迴，全城美景，盡收眼底。
>
> **觀賞獨秀峰石刻**：獨秀峰有自唐以來的歷代石刻 136 塊，均被中國大陸官方單位列為全國重點文物保護單位。最有價值的石刻當數 800 年前，刻在讀書岩前的《大比宴享即席勸駕詩》。另外，「桂林山水甲天下」這千古名句真蹟的碑刻也位在此地。
>
> **遊月牙池**：月牙池位在市區獨秀峰東麓，與聖母、春濤、白龍並稱桂林四大名池，因形如月牙而得名。池上亭臺水榭，池畔重柳依依，景色十分優美。

❸ 貢院

貢院位在獨秀峰後面，是清朝順治帝設立，專門供秀才參加科舉考試的場所。這塊風水寶地曾因科舉時代屢出狀元而名揚天下，現已按舊制恢復部分號舍，供遊客參觀。遊客不僅可以想像當年科舉考試的盛況，還可以感受學子們「十年寒窗」的艱辛和「金榜題名」時的喜悅。

> **攻略**
>
> **參觀科舉文化陳列館**：公園內的科舉文化陳列館是中國西南地區，首家廣西科舉文化陳列館。陳列館展出秀峰書院八股文試卷、科舉考試輔導書、陳宏謀家規遺訓等珍貴文物，可以看到古代科舉的等級、八股文試卷等歷史資料及實物，瞭解獨特的中國科舉文化，還可以參與貢院妙趣橫生的模擬科舉考試表演，切身感受當時的貢院文化。

兩江四湖
領略水上桂林風情

★又是一場雨季　遊覽兩江四湖不僅可以欣賞景區的世界名橋博覽園、名花名樹博覽園、亭臺樓閣博覽園和雕塑博覽園，而且沿岸的桂劇和地方曲藝、銅鼓舞、魚鷹捕魚秀也令人目不暇接。

★多多　乘船遊覽兩江四湖，特別在夜晚璀璨藝術燈光的映襯下，景區彰顯出五彩繽紛、夢幻絕倫、無限遐想的高雅意境。讓人感悟城市與山水的和諧統一，領略為何世上會有「願做桂林人，不願做神仙」的感歎。

門票和開放時間

門票：因遊覽路線不同而門票不一。

開放時間：日遊 8：00 ～ 16：30，夜遊 19：30 ～ 21：30。

最佳旅遊時間

　　四季皆宜，最佳旅遊季節為春夏時節。春天，萬物復甦，沿江湖地帶的綠色植物開始生長、百花齊放，是賞景的好時候；夏季雨水充沛，也是乘船遊覽桂林城區的好時節。

兩江四湖是指由灘江、桃花江、榕湖、杉湖、桂湖和木龍湖構成的桂林環城水系，是桂林城市中心最優美的環城風景帶。水上遊覽桂林興於唐代、盛於宋代，當時桂林城中，湖塘密布，水系發達，乘一葉小舟可盡覽城中風景名勝。

如今，桂林兩江四湖環城水系重現昔日盛景，形成一條可與威尼斯媲美的環城水系，堪稱中國一絕。乘船遊覽兩江四湖成為中外遊客遊覽新桂林城的首選方式。

❶ 榕湖、杉湖

榕湖、杉湖位在桂林城中心，北與中心廣場毗鄰，展現「城在景中，景在城中」的山水城格局。景區地處陽橋兩側，橋西為榕湖，以湖岩生長古榕樹得名；橋東為杉湖，連著灘江，因湖畔長有杉樹而得名。如今杉湖四周的杉木雖然不見了，但榕湖周圍的榕樹，卻以「老樹婆娑八百年」的姿態傲然挺立。

> **攻略**
>
> 　**觀日月雙塔**：位在杉湖湖心，如今已經成為新桂林的標誌，也號稱「世界第一銅塔」，是兩江四湖環城水系必遊的景點。其中，日塔高 41 公尺，共九層，通體均為純銅裝飾，金碧輝煌，並有電梯供遊客觀光乘坐。月塔高 35 公尺，共七層，為琉璃塔，每層的雕花彩繪門窗有寓意不同的主題，富含中國傳統韻味，透過水下 18 公尺長的水族館與日塔連接，地宮中有桂林明代青花梅瓶大型壁畫，十分值得觀賞。
>
> 　**遊湖心島**：位在榕湖湖心，島中小溪將湖心島分為兩島，臨水採用疊石生態駁岸，島中建有目前廣西最大的漢白玉龍船舫和湖心亭，迦廊、小飛虹、小亭配上高達 5.6 公尺，由整塊花崗石打製而成的月門及諸多觀景石，湖上美景盡收眼底。

❷ 桂湖

　　桂湖是以山林自然野趣為特色，桃花江出水口閘壩為主景點，成為名花名木、名亭名橋的博覽園。景區結合春天湖小景區，透過植物造景突出四季主題。桂湖沿岸增設風格各異的小景點，設置疊石、人工瀑布、湧泉、小橋、棧道、步行道、浮雕等旅遊項目，再配上燈光，更顯得婀娜多姿、絢麗如畫。

❸ 木龍湖

　　木龍湖以木龍古渡古城牆為主景，以疊彩山、寶積山為背景，突出自然山水與歷史文化相融合的特點。

　　在木龍湖北側，依託宋代東鎮門、宋城牆遺址等歷史人文景觀，包括宋街、半邊街、古宋城、木龍塔、木龍夜泊、淺橋魚影、聽荷軒等，具有宋代建築氣息的古建築群落的景點；而在木龍湖南側與疊彩山之間建築，以觀賞林地、草地、溪流、瀑布為主的生態景觀帶。

攻略

　　景區設置「歷史散步道」和具有地方特色的臨水仿宋旅遊購物街，而景區內的寶積山公園也恢復桂林八景之一的「桂嶺晴嵐」風采。

榕湖船閘

桃花江

南門橋

鸚鵡山
鐵封山
中山北路
木龍湖升碼頭
木龍湖升船機
木龍湖
木龍橋
寶積橋
③
疊彩山
西清橋
寶積山
疊彩路
寶賢橋
鳳北路
獨秀峰
伏波山
灘江
②
中山中路
榕湖
解放西路
解放東路
解放橋
中心廣場
①
榕湖
陽橋
日月灣碼頭
杉湖
灘江
七星公園
日月雙塔
知音臺碼頭
文昌橋
昌橋碼頭
象山拖船機
象鼻山

寶積山：山分南北兩峰，中間低凹，遠看像個馬鞍，山上樹木繁茂，鬱鬱蔥蔥。

伏波山：是一座依水傍水的孤峰，漢代時伏波將軍馬援南征曾經過此地，故得名。

 **攻略**

景區交通 遊遍景區好 easy

旅遊小 Tips

為了避免錯過船班，遊客最好提前 20 分鐘到達碼頭。

1. 杉湖知音臺碼頭位在桂林國際旅行社北側。乘旅遊觀光一號線、2、57 路公車到灕江劇院站下車可抵達。
2. 文昌橋碼頭位在文昌橋東南端橋底（華亭食府後面）。乘車到象山公園站下車可抵達。
3. 解放橋六匹馬碼頭位在解放橋東南端橋底，該處有六匹銅馬為標誌。乘 10、11、14、18 路公車到七星公園站下，向東步行即到。

   乘船時間：

   上午 8：30、9：00、9：10、9：30、10：20、10：30。

   下午 14：00、14：20、14：30、15：00、15：30、15：50。

   晚上 19：30、19：50、20：00、20：10、21：30、21：50。

行程推薦 智慧旅行賽導遊

到桂林遊覽，不容錯過兩江四湖，目前景區推出多種遊覽路線供遊客選擇。詳細的遊覽路線和票價（皆為人民幣）請見下表：

遊覽項目	路線	遊程	票價（人民幣）
夜遊兩江四湖	桃花江文昌橋、杉湖、榕湖、桂湖、木龍湖、灕江解放橋碼頭	約 90 分鐘	硬座船：190 元／人 軟座船：195 元／人 豪華船：215 元／人
夜遊兩江四湖「魚鷹捕魚」	杉湖、榕湖、桂湖、木龍湖	約 60 分鐘	普通船：180 元／人 冷氣船：190 元／人
日遊四湖「水上桂林」	杉湖、榕湖、桂湖、木龍湖	約 60 分鐘	硬座船：100 元／人 軟座船：105 元／人 豪華船：125 元／人
日遊一江四湖「超值水上桂林」	杉湖、榕湖、桂湖、木龍湖、灕江解放橋碼頭	約 70 分鐘	硬座船：130 元／人 軟座船：135 元／人 豪華船：155 元／人
夜遊環城遊	日月灣碼頭、春天湖船閘、文昌橋象山升船機、解放橋、木龍湖升船機、木龍湖、桂湖、榕湖、杉湖、日月灣碼頭	約 120 分鐘	硬座船：235 元／人 軟座船：240 元／人 豪華船：260 元／人
夜遊一江四湖（冬季航線）	杉湖、榕湖、桂湖、木龍湖、灕江解放橋碼頭	約 70 分鐘	硬座船：170 元／人 軟座船：175 元／人 豪華船：195 元人

專題 兩江四湖的橋

　　兩江四湖沿途景點的最大特色是橋，一是數量多，共經過 19 座橋樑；二是仿世界名橋而建，有「橋樑博覽園」之說。

　　陽橋：位在中山中路杉湖與榕湖交界處，原建於宋代。現在的陽橋是參照梵蒂岡大教堂的埃馬努爾二世橋設計，橋型風格端莊大方、簡練有致。

　　水晶玻璃橋：位在陽橋西側，是中國大陸第一座採用特種水晶玻璃構架的實用性景觀橋樑。其外部立面、雨廊屋頂、橋面承重部分，均採用工藝精緻、造型考究的水晶玻璃製品為建築構件，柱頭、欄杆等橋樑構件和飾件也是用水晶玻璃專門熔鑄。該橋只供遠看或近看，謝絕登橋遊覽。

　　榕溪橋：在古南門之南，仿著名的趙州橋而建。

　　迎賓橋：位在桂林圖書館西側榕湖與桂湖交界處，橋以漢白玉和鋼索為主要材料，設計注重展現吊橋風格，與「迎賓」功能緊緊扣題。門拱中心雕刻著桂林城徽，門頂浮雕雕刻著桂林的歷史。

　　麗澤橋：位在麗君路，跨桂湖而建，仿美國金門大橋設計，是中國大陸境內第一座自錨式^註鋼桁樑柔性懸索橋。橋身火紅，鋼索墜成優美的弧形，在夕陽映照下或景觀燈的襯托中，非常有氣勢。

　　西清橋：位在老人山下西清湖中段，仿英國劍橋大學的數學橋而建。傳說原橋暗含科學大師牛頓的思想。橋欄的拼裝既有古橋的隨意，也有幾何的嚴謹。該橋為步行橋，雙弧造型，暖紅色調。橋身用名貴的東北紅松木建造和裝飾，橋欄形態有鄉村風格。

　　木龍橋：位在木龍湖、宋城間，仿張擇端《清明上河圖》中的北宋木橋設計，力圖重現北宋風采。

（註）**自錨式吊橋**：指承受很大拉力懸索的端部，透過錨碇固定在地基中，個別也有固定在剛性樑的端部。

象山景區
桂林城中的山水精華

★小象喝水　象山公園中的象鼻山被稱為「桂林城徽」，所以來桂林一定要目睹象鼻山的風采。形神畢似的象鼻山、風景奇觀「象山水月」、古寺、古塔、浪漫的愛情島，都讓這座公園充滿無限魅力。遊客們坐在竹筏上，蕩漾在清澈碧綠的江面，觀賞著四周的美麗景色，彷彿進入仙境。

★彩色無邊　登上明月峰頂的拿雲亭，登上彩山頂遠望，環眺四周，整座桂林城的景色盡收眼底。如果說桂林城是個美麗的少女，那麼城中的山水就是少女身上的五彩珠寶和飄動的綢帶，把美麗的少女打扮得更加豔麗多姿。此時，心中不禁感歎：「桂林城太美了，這真是一段『江山會景處』之行！」

門票和開放時間

門票：象山公園人民幣 75 元，疊彩山公園人民幣 35 元，伏波山公園人民幣 30 元。

開放時間：疊彩山公園旺季（4 月～ 11 月）6：00 ～ 18：30，淡季（12 月～次年 3 月）7：00 ～ 18：00。伏波山公園淡季 6：30 ～ 18：00，旺季 6：00 ～ 18：30。

進入景區交通

位置：桂林城南灕江西岸，在灕江與桃花江的匯流處。

公車：象山公園、疊彩山公園、伏波山公園均可乘坐旅遊觀光一號線和 2 路公車到達。

　　象山景區位在桂林市區的灘江西岸，由象山公園與伏波公園、疊彩公園構成，象山景區是桂林久負盛名的風景區，薈萃桂林山水和人文景觀精華，是中外遊客遊覽桂林必到之處。

　　象山景區集奇山、秀水、異洞、美石於一身，還有豐富的摩崖石刻、佛像及諸多歷史文化遺跡，不論是從自然景觀還是人文景觀來看，都是桂林山水文化的精華。

❶ 象山公園

　　位在象山區民主路的象山公園，因園內有一座酷似大象的象鼻山而得名，公園以象鼻山為中心，包含象山水月、愛情島、普賢塔、雲峰寺、三花酒窖等景觀。象鼻山以其獨特的山形和悠久的歷史，成為桂林城徽標誌。

象山傳說

　　相傳，昔日玉皇大帝南巡，經過桂林時，馱寶瓶的神象病倒，玉帝將其拋棄在灕江邊，驅隊繼續前行。神象得到灕江畔人們的照顧和治療，很快就恢復健康。為了報答灕江人的恩情，而且看到桂林山水清秀，神象決定留下來替人們耕耘田地、看管莊稼。

　　玉帝知道後，認為有辱天庭，就派托塔李天王率領天兵天將來捉拿神象，但神象誓死不歸天宮，奮起抵抗。戰爭持續七天七夜，又飢又渴的神象來到灕江邊，正當牠伸出長鼻捲水暢飲時，偷偷尾隨而來的托塔天王高舉寶劍，從上向下朝著象背狠狠一插，殺死神象。神象立身不倒，化為石山。

象山示意圖

三號口

往疊彩山、伏波山

象道

壯族愛情文化工藝坊

愛情島

①

象山公園

壯族藝坊

象山專屬旅遊紀念品店

第二觀景臺

親水區

二號口

第一觀景臺

濱江南路

象照壁

桃花江

文昌橋

攻略 賞月：象鼻山的象鼻和象腿之間有一個東西通透的圓洞，稱為水月洞。水月洞宛如滿月，每逢中秋佳節，人們最喜歡來到水月洞前賞月，因為在這裡可以看到三個月亮。

❷ 舍利塔

舍利塔位在象山公園西面，民主路萬壽巷開元寺遺址內。舍利塔始建於唐顯慶二年（西元 657 年），原為七級磚塔。現塔為明初重建，為過街式喇嘛塔^註，坐北朝南，塔高 13.2 公尺，分底層、塔身和塔蓋三級，該塔造型獨特，是中國古代佛教名塔之一。

(註)過街式喇嘛塔：過街塔指不和寺廟建在一起，而是建在街道中間，獨立存在的塔型建築，下方會有通行的敞開大門。

普賢塔：建於明朝，用以供奉菩賢菩薩。在中國大陸供奉菩賢菩薩的佛塔只有兩處，另一個在四川峨眉山。

水月洞：位在象鼻和象腿之間，是面積約 150 平方公尺的圓洞，江水穿洞而過，如明月浮水。

灕　江

普賢塔

紀念品商店

象眼岩

賢塔

縱目亭

季風亭

雲峰寺

三花酒博物館
遊客中心

三花酒博物館

❸

水月樓

區一號口

花廣場

民　主　路

舍利塔 ❷

❸ 三花酒博物館

　　三花酒博物館位在象山腳下，在博物館中，利用近百幅老照片，把20世紀時，桂林各年代的歷史風貌呈現在參觀者眼前。藉由三花酒原始釀造的實景，告訴參觀者們桂林的傳統釀酒工藝。其中，酒具展示廳讓人們透過實物瞭解中華酒文化的歷史沿革；窖酒展示廳則展示桂林三花股份公司在55年中，68種窖藏珍品，讓人領略灘水精華的甘冽與清醇。

❹ 伏波公園

　　位在桂林市濱江路的伏波公園，集山、水、洞、文物和奇石於一身，是具有很高觀賞價值的園林式山水公園。公園內的伏波山孤峰挺秀，東枕灘江，西著陸地。每當春夏水漲、黃濤滾滾時，其遏阻洶湧的巨瀾，使江水回漩，故名伏波。此外

山名來由還有一因，即唐朝時在山上建有「伏波將軍廟」，宋代有人題作「伏波山」。伏波山山水兼得，攬聽濤閣、還珠洞、試劍石、大悲古洞、癸水亭於一懷，古韻悠長。

> **攻略**
> 　　**登高遠眺**：在伏波山東南石崖上，有依山貼崖而建的兩層坡頂樓閣，名叫聽濤閣，聽濤閣視野開闊，最宜遠眺。
> 　　**觀石刻**：在聽濤閣樓西邊有大悲古洞，洞內石壁上有明清時代的題刻十餘處，其中，以清代桂林畫家李秉綬的《竹蘭圖》最值得遊客駐足觀賞。

> **連結**
> **還珠洞**
> 　　還珠洞位在伏波山下，此洞臨著清幽幽的一泓碧水，景緻秀美，空氣清爽宜人，是遊客理想的休憩地。朝陽照耀下，洞內金碧輝煌，彷彿一座富麗堂皇的水晶宮。洞內的試劍石和千佛岩都值得一看。

❺ 疊彩公園

疊彩公園位在桂林市龍珠路 2 號。疊彩公園是桂林市內主要名勝之一，公園以疊彩山為主要景觀。疊彩山舊名桂山，由明月峰、仙鶴峰和四望山、於越山組成。疊彩山景色優美，又易於攀登，是一個桂林山景中的熱門景點。除了疊彩山，公園內還有眾多佳景，如成仁碑、仰止堂、仙鶴洞、風洞、疊彩樓、望江亭和拿雲亭等。

> **攻略**
>
> 　　**登高**：明月峰位在疊彩山東北，是疊彩山的主峰。登上明月峰頂，可以一覽桂林城市的景色。
>
> 　　**賞蝴蝶**：公園內有一侗族風格的建築群——疊彩瓊樓。瓊樓內設有蝴蝶館，共展出蝴蝶 11 科 300 餘種 5000 多隻；還開闢專室，介紹中國蝴蝶文化的浪漫傳奇。如果想欣賞蝴蝶，這裡是非常好的選擇。

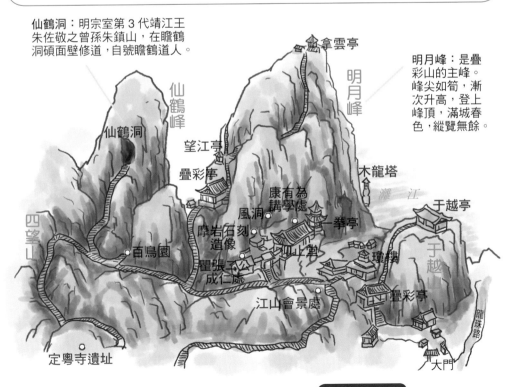

仙鶴洞：明宗室第 3 代靖江王朱佐敬之曾孫朱鎮山，在瞻鶴洞碩面壁修道，自號瞻鶴道人。

明月峰：是疊彩山的主峰。峰尖如筍，漸次升高，登上峰頂，滿城春色，縱覽無餘。

拿雲亭

明月峰

仙鶴峰

仙鶴洞

望江亭

疊彩樓

木龍塔

灕江

于越亭

四望山

康有為講學處

風洞

摩崖石刻造像

一拳亭

百鳥園

仰止堂

瓊樓

于越山

瞿張二公成仁處

江山會景處

疊彩亭

龍珠路

定粵寺遺址

大門

疊彩山示意圖

堯山景區
覽桂林盛景

★小米莉　堯山是桂林市唯一的土山，山巒起伏，氣勢磅礡。山上蒼松翠柏，綠色連天。景緻變幻莫測、絢麗多彩，十分吸引人。

★麥草　人們常說堯山是一塊風水寶地，氣勢磅礡的靖江王陵也位在此，似乎更加印證這是一塊吉地的說法。登上堯山，不僅可以體會「一覽眾山小」的感覺，還可以欣賞臥佛景觀。

門票和開放時間

門票（人民幣）：堯山免費。靖江王陵 20 元，身高不滿 140 公分的兒童可免票。

開放時間：8：00 ～ 17：00。

最佳旅遊時間

堯山以絢麗多彩的四時季節景色而聞名，所以四時皆宜。春看杜鵑、夏觀松竹、秋採野菊、冬賞冰掛，別有一番情趣。

進入景區交通

位置：桂林市東郊，距市區 8 公里。

公車：市區乘坐 24 路公車到靖江王陵站下車即到。

　　堯山位在桂林市東郊，是桂林市內最高的山，因周唐時在山上建有堯帝廟而得名。堯山擁有最豐富的喀斯特地貌類型和世界上最大的天然臥佛景觀，以變幻莫測、絢麗多彩的四時景緻而聞名，因此堯山被認為是欣賞桂林山水的最佳去處。

　　景區內不僅有絢麗多彩的堯山自然風光，還有風水寶地靖江王陵，以及茶博園、高爾夫球俱樂部等休閒場所。這些景觀讓前來堯山的遊客在感受自然美好的同時，還可以徹底放鬆心情。

❶ 堯山主峰

　　堯山山峰高大雄渾，其主峰海拔 909.3 公尺，相對高度 760 公尺。堯山主峰氣勢磅礴，自然景色美不勝收，春夏秋冬，不同的季節，堯山上展現出的美景也各有特色。此外，山上還有眾多景點，例如觀音臺、觀音像、堯帝部落、天賜泉等。

> **攻略**
>
> 　　**乘纜車、滑道**：下公車到景區還有好長一段路要走。抵達山腳下，遊客可以選擇乘纜車或索道和滑道欣賞堯山。
>
> 　　**其他參考價**：索道往返人民幣 95 元，索道＋滑道往返人民幣 140 元。
>
> 　　乘觀光纜車可直達山頂，在山頂舉目四望，山前水田如鏡，村舍如在畫中，千峰環野綠、一水抱城流的桂林美景盡收眼底。下山時可選乘滑道，體驗如同「旱地雪橇」般貼地飛行的刺激感受。

攻略

爬山：如果選擇爬山，在山腳的左手邊上有一條狹窄的小道，這條小路是被無數人踏出來。沿著山路一直往上爬就行，中途有一段路較陡峭，很多人是手腳並用。山路並不好走，加上道路兩邊雜草叢生，費時費力，通常約須 2 個小時可登頂。

賞杜鵑：堯山杜鵑品種甚多，色彩豔麗，有紫、綠、紅、橙、粉、赭色等多種。堯山上的杜鵑堪稱一絕，每年 3 ～ 4 月便是賞杜鵑的好時節。

❷ 靖江王陵

旅遊小 **Tips**

莊簡王陵門釘為 9×7 排列，即 9 行，每行 7 顆門釘，顯示莊簡王的身分。明清的建築制式中，門釘數量最高為皇帝的 9×9，藩王一級為 9×7。門上的獸頭口含門環，名叫椒圖，傳說是龍的第九子。椒圖平生好睡，人們便令其守門。若家有客來，扣之則醒，能睜眼審度來者，有錢有勢者放行，普通百姓則請回。

靖江王陵是指明朝分封在靖江（桂林）歷代諸王的陵園，位在堯山西南山麓，是中國大陸境內現存最大、保存最完好的明代藩王墓群。靖江王的陵園加上其他藩戚王室墓葬，構成一個方圓百里、極富江南特色的藩工墓群。整座陵園氣勢磅礡，有「嶺南第一陵」之稱。

靖江王陵布局呈長方形，中軸線上依序列有陵門、中門、享殿和地宮。各陵都有兩道陵牆，通常分為周邊、內宮兩部分。周邊有廂房和陵門、神道、玉帶橋、石人、石獸等，內宮則有中門、享殿、石人和地宮等。目前開放供遊客參觀的區域是較為完整的莊簡王陵。

解說

靖江王陵藝術

目前對遊客開放的是經整修後，第三代靖江王莊簡王與其王妃的合葬陵，始建於永樂年間，至今已有 580 多年的歷史。雖然莊簡王是偏遠南方的一位藩王，但是其陵墓的規模、各種建築及附屬物的安排與布置，仍然嚴謹依照中國古代皇家建築的布局方式和建築標準進行建造。整修後的靖江莊簡王陵，紅牆綠瓦、雕樑畫棟、單簷歇山、朱漆彩繪、橋樑欄杆、潺潺流水，在享殿內，陳列展出部分靖江王陵的出土文物，當中有造型精美的青花梅瓶，世上罕見。

電視發射臺

觀景臺

堯山主峰 ❶

觀音像

天賜泉

滑道起站

茶博園 ❸

元寶山

靖江王陵 ❷

索道起站

售票處

停車場

桂林山水高爾夫休閒俱樂部 ❹

遊客接待中心

往桂林市區

❸ 茶博園

茶博園又名廣西桂林茶葉研究所，是一所茶葉研究機構，擁有獨特的田園風光，也是遊客品茶休閒的好去處。茶博園內有大片茶葉生產基地，每到採茶時節，萬畝茶園，風光也十分好，當地已經成為愛茶人士假日休閒的首選地。

攻略

　　大棚遊客體驗互動中心：在茶博園現有兩處大棚，其中一處分別為茶葉種植體驗區、茶葉製造體驗區、油茶製作工坊區、品茗區及貨品區。讓到訪的遊客都可以與茶葉有親密接觸。

　　茶葉文化研究中心：在這裡，遊客可以觀賞茶藝表演以及觀看廣西地方茶民俗展示，感受廣西地方茶文化。

　　茶園休閒中心：茶園休閒中心和藩王文化展示廳讓遊客可以在茶園附近靜靜品茶，享受超值的服務，包括餐飲服務、醫療設施、文化紀念品展示廳、提供眾多休閒服務的休息廳等；並以博物館的形式全面展示靖江王的歷史，重現明代靖江王藩王文化及藩王王陵文化。

❹ 桂林山水高爾夫休閒俱樂部

桂林山水高爾夫休閒俱樂部位在堯山腳下，群山環抱，是廣西最大的高爾夫球場，也是一座集休閒、度假、觀光、娛樂、養生於一體的綜合性高爾夫球度假俱樂部，球場內環境清幽、高雅、脫俗。

球場四周群山環繞、舉目所見盡是山水國畫般的仙境。球道設計動線明暢，全長8400碼（1碼約近於0.9公尺），27洞的球場，呈現出大自然的磅礴奇景與君臨天下的豪情。

蘆笛景區
中國國賓洞

★小蝦米　蘆笛岩內的鐘乳石線條豐富流暢，奇麗多姿、玲瓏剔透，石乳、石柱、石幔、石花，琳琅滿目，組成獅嶺朝霞、紅羅寶帳、盤龍寶塔、原始森林、水晶宮、花果山等景觀，目不暇給，給人豐富多彩的想像空間和藝術享受，如同仙境。

★飢餓的大鯊魚　蘆笛岩是桂林喀斯特地貌的最典型代表，裡面很涼，在變幻的燈光作用下，各種鐘乳石千姿百態，蔚為壯觀。慢慢走，慢慢看，可以欣賞到大自然的鬼斧神工。

門票和開放時間

門票：人民幣 120 元。

開放時間：旺季（每年 4 月到 12 月）7：30 ～ 18：00，淡季（每年 12 月到次年 3 月）8：00 ～ 17：30。

進入景區交通

位置：桂林市蘆笛路 1 號。

交通：乘 3、58 路免費公車以及 4A 專車可達。

蘆笛景區是一個以遊覽岩洞為主、觀賞山水田園風光為輔的風景名勝區，景區擁有大自然賦予的奇山秀水岩溶風貌，由桂林市內最高的石山——候山和最美的溶洞——蘆笛岩，以及桃花江、芳蓮池等水體景觀組成，可謂內秀外雅、妙趣天成。

❶ 飛鸞橋

進入蘆笛景區，首先會看到一座端莊古樸的石橋——飛鸞橋。飛鸞橋又名飛龍橋，位在桃花江與蘆笛路相交處。飛鸞橋始建於宋朝，明清均重修過。如今的飛鸞橋是1967 年所建造，被稱為「工農橋」。飛鸞橋橋長 62.4 公尺，寬 10.5 公尺，橋拱用青黑石灰岩石鑲砌，橋體堅實穩重，端莊古樸。

故事

飛鸞橋傳說

很久以前，在桃花江邊，有一個村子叫蕭家村，村前有一道堤壩，這是一條過江大道。每年春潮到來時，堤壩總是被潮水淹沒，人們無法過河，村民便想建一座橋，開工那天，人們先殺雞祭魯班，後用雞血奠基。

雞剛殺一半，公雞忽然朝北飛了起來，脖子上還滴著血。飛呀飛呀，一下子全身羽毛變成漂亮的五彩色，閃閃發光，尾巴越拖越長。大約飛了一里路，終於落下來，最後人們在河邊找到牠。牠已不再是原來那隻公雞，而變成漂亮的鸞鳥。大家十分驚奇，一個老石匠說：「這鸞鳥是魯班派來的使者，橋基得砌在這裡！」這時鸞鳥突然扇起翅膀，直往南天飛去。後來，石匠就在飛鸞橋落地的地方砌橋。這座橋建成後，人們把它叫作飛鸞橋。

❷ 蘆笛岩

蘆笛岩是桂林非常著名的溶洞景觀，岩內有琳瑯滿目的鐘乳石、石筍、石柱、石幔、石花，擬人狀物，惟妙惟肖，構成三十多處美妙景觀，例如「圓頂蚊帳」、「高峽飛瀑」、「盤龍寶塔」、「原始森林」、「簾外雲山」、「水晶宮」等，美景相依、相連，可謂移步成景，步移景換。整個岩洞猶如一座用寶石、珊瑚、翡翠雕砌而成，宏偉又壯麗的地下宮殿。

旅遊小 Tips

蘆笛岩內臺階溼滑，行走的時候要格外小心，最好穿防滑的運動鞋。

獅嶺朝霞：有挺拔的山峰，茂密的森林，還有濃蔭遮天的千年古樹。每當太陽初升，就有成群的獅子迎著朝陽，在森林裡盡情歡舞。

大門

珍珠金魚

幽境聽笛

飛鸞橋

獅嶺朝霞

朝暉樓

原始森林

石乳羅帳

葵花峽

蘑菇山傳奇

蓬萊仙山

雲臺攬月

芳蓮水榭

桃花江

宮燈

大鯉魚

大花藍

光明樓

雪山倒影

芳蓮池

大海螺

豐收亭

往桂林市區

至侯山

宮燈：把整個大廳染上一層神奇的色彩，好像是神話故事裡東海龍王的水晶宮。

　　蘆笛岩洞內的鐘乳石形態各異，有如充滿生機的「獅嶺朝霞」，歌頌高潔氣質的「塔松傲雪」，廣闊宏大的「原始大森林」，如夢如幻的「水晶宮」，幽靜別緻的「幽境聽笛」，以及與實物極相似的雪人、瓜菜、鯉魚、海螺等。

　　這些千姿百態的鐘乳石是由於地下水的作用，溶解岩石中的碳酸鈣，再經過上百萬年的沉澱堆積結晶而形成，所有景觀都是大自然鬼斧神工的傑作，沒有一點人工修飾，因此，蘆笛岩被人們譽為「大自然藝術之宮」。

連結

國賓洞

　　蘆笛岩開放以來，接待過千萬名遊客，更有眾多知名的元首及政要遊覽過，其中包含美國前總統尼克森、卡特，聯合國前秘書長德奎利亞爾等。在參觀後，都被這個人間奇景所傾倒，對景區給予高度讚譽，因此蘆笛岩也被稱為「國賓洞」。

4D 視覺秀：2013 年，蘆笛岩景區利用水晶宮天然寬闊而較平整的穹頂天面，將影片投影在水晶宮穹頂上，為遊客營造出一個從水晶宮天面裂開的石洞，在其中，可觀賞到從冰川世紀、地殼運動、萬物復甦，再到鐘乳石生長過程等地質變化的夢幻場景。

　　「蘆笛 ‧ 天籟」燈光秀：蘆笛岩透過現代科技手段，開創中國大陸境內第一的夢幻七彩「蘆笛 ‧ 天籟」燈光秀，這是一個結合視覺、聽覺、嗅覺、觸覺等多種感官效果為一體的動態燈光秀，淋漓盡致地表現出蘆笛岩的美。

　　壁書文化：蘆笛岩洞內有不少前人的墨筆題字，被稱為「壁書」，這些壁書最早出自唐朝，極具歷史文化價值。

❸ 芳蓮池

　　芳蓮池位在景區光明山下，屬於人工湖。芳蓮池沿岸種著柳樹、桃樹、銀杏樹、榕樹、水杉樹、桂花樹、芭蕉樹等，形成多個小遊園景觀，相互交錯，沿堤岸一帶五步一柳、三步一桃，一派江南水鄉的風韻，與蘆笛岩門口一帶的自然及園林景觀遙相呼應，相輔相成，別有一番情趣。

❹ 桃花江

　　桃花江古名陽江，屬灕江主要支流，清幽恬靜，河道彎曲，素有「九曲十八彎」之稱，而且一彎一景，彎轉景移。桃花江如綠色飄帶環繞與桂北溶盆地中，流經飛鸞橋至勝利橋一帶，水流平緩，水面如鏡，兩岸峰林樹影落入水中，風景甚美。尤其是秋天月夜，桃花江的景色更美，形成「陽江秋月」的美景，「陽江秋月」也是古代桂林八景中頗具特色的一景。難怪有人讚美桃花江：「不似灕江，勝似灕江。」

❺ 侯山

　　侯山位在桂林城西 5 公里處，海拔 581 公尺，相對高度 431 公尺，是桂林市內最高的石山。桂林城東北的堯山為桂林城周邊第一高峰，侯山高度排名第二。堯山為土山，侯山為石山。論石山，侯山的高度名列第一。桂林曾有「大不過堯山，高不過侯山」的俗語。

　　侯山植物品類繁多，金竹、蒲葵尤其引人注目。侯山山勢險峻，沿山道曲折而上，山半有烏龜石。山上有「侯泉」，或被稱為「觀音泉」的小小泉水。登臨侯山，山上有金鉤岩。極目遠眺，桂林美景盡收眼底。

> **攻略**
>
> 　　**徒步登山**：遊覽侯山最好的方式便是徒步登山，遊覽路線：長海五村→雙目峰→臨桂古道→侯山隘→登頂侯山→通信大隊，全長約 11 公里。

> **連結**
>
> ### 侯山得名來歷
>
> 　　侯山得名有諸多説法。一説，因晨曦下，山體顯王侯之相。又一説，這裡自古人才濟濟，出過無數的狀元諸侯，這座山是有名望的諸侯進入桂林趕考的必經地，便稱為侯山。另有傳説，侯山原名猴山，山頂長有一棵檳榔樹，山腳有位因瘦小被喚作「猴子」的財主，夫婦上山吃了大的紅檳榔，變成猴子，另外有隻猴子吃了小的白檳榔，變成年輕佃農，夫婦反被佃農趕去臨桂，於是，猴山不是「猴子」的了，猴山已無猴，猴字便被去除狗爪旁，山稱侯山，村稱侯山背。

七星景區
天上北斗　人間七星

網友推薦

　　★七星大戰　七星景區只能算桂林山水的一個小部分，但是這裡有很多可以看、可以聽的東西，景色有其獨特的一面。例如「北斗七星」、「花橋虹影」、「月牙仙境」、「龍隱奇蹟」、「普陀石林」等，眾多自然風光與歷史遺跡完美的結合在一起。

　　★星星點燈　景區很大，環境很美，特別是碑林值得一看，懂書法的人就更要去看看了。駱駝峰也很有趣，七星岩溶洞則是神奇壯觀！

門票和開放時間

　　門票：七星景區人民幣 75 元，七星岩人民幣 60 元。

　　開放時間：8：00 ～ 17：00。

進入景區交通

　　位置：桂林灕江東岸，灕江支流小東江畔，距市中心 1.5 公里。

　　公車：可搭乘公車 10、11、14、18、25、30、31 路和免費公益車 52 路、58 路到達景區花橋大門。

　　七星景區位在桂林灕江東岸，景區內有七座山頭，像天上的北斗七星，前面有三座山峰，像斗柄，叫「月牙山」；北面有四座山峰，像斗勺，叫「駱駝山」。兩山共七峰，好像天上的「北斗七星」，合稱「七星山」。七星公園和七星岩也因此而得名。七星景區集桂林山、水、洞、石、庭院、建築、文物的大成，是桂林山水精華景觀的縮影。

　　目前七星景區由「北斗七星」、「棲霞真境」、「月牙虹影」、「駝峰赤霞」、「龍隱奇蹟」等名勝組成。此外，景區內樹木花果成片，每當金秋時節，滿園桂花，芳香馥鬱，茂樹修竹，繁花似錦，使奇山秀水更加絢麗多姿。

❶ 花橋

　　花橋是桂林最古老的橋，始建於宋代嘉熙年間。位在公園正門，橫跨在小東江和靈劍溪匯流處上，全長 135 公尺。橋面有風雨長廊，橋亭覆綠色琉璃瓦，橋身為磐石，具有濃郁的民族風格。每年春夏，花開爛漫，橋畔繁花似錦，橋兩岸遍植桃花、翠竹，小橋掩隱於「滿溪流水半溪花」中，花橋因此而得名。

> **攻略**
> 　　觀月：花橋觀景，山光水色，幽雅綺麗，讓人心曠神怡。最引人注目的還是「觀月」，有月看水中映月，無月看橋孔影月。四孔臨水，圓月可數，正如俗語所說「花橋常有月，慧眼數團圓」。

❷ 華夏之光廣場

　　華夏之光廣場位在普陀山與月牙山之間，總面積 13520 平方公尺。它有兩件大型藝術品：一是華夏之光石雕壁畫，全長 106 公尺、高 5 公尺，由 100 多個石雕組合而成，集中國古代四大發明、科學技術等先進成果為一圖，反映中華民族五千年文明的精華；二是世紀寶鼎，其高 4.6 公尺，四足舉鼎，立於圓形的花崗岩臺座內，象徵著國泰民安。大鼎重達 24 噸，是用整塊曲石雕刻而成。這兩件藝術品構成七星公園的新景觀。

❸ 棲霞寺

　　棲霞寺位在七星景區北門，為中國大陸境內目前最大、保存最完整的唐式風格寺廟，至今已有一千多年歷史。古樸的棲霞禪寺，再現唐代佛教的興盛與繁榮。高僧鑑真曾在此參傳佛法，為禪寺添上濃郁的傳奇色彩。禪寺終日香火鼎盛，信眾雲集，已成為桂林乃至華南地區的佛教中心。

> **解說**
> 　　觀音殿供奉的觀音為鎮寺之寶，原料採用四川雅安漢白玉，在 2002 年雕刻而成，高 6.8 公尺，重 18 噸。是兩湖兩廣一帶最重、最高的一尊觀音。

❹ 七星岩

　　七星岩位在七星景區北部的普陀山腹，此岩有「天下第一洞天」之稱。這裡原來是一段地下河道，後來地殼運動，河道上升，露出地面，成為現在的岩洞，至今已有一百多萬年的歷史。在漫長的歲月裡，雨水沿洞頂不斷滲入，溶解石灰石，並在洞內結晶，於是形成千姿百態、晶瑩玉潔的石鐘乳、石柱、石筍、石幔，如同一條氣勢磅礴的地下畫廊。

　　七星岩分上、中、下三層。上層僅存老君臺等殘存的洞跡，下層是腳下仍在發育的地下河，開放供人遊覽的是中層。中層遊程 814 公尺，最高處 27 公尺，最寬處 49 公尺，洞內溫度常年保持在 20 度左右。

　　七星岩中層遊覽區一共分為七個部分，分別是第一、第二、第三、第四、第五、第六洞府和群仙洞府。進入七星岩首先看到的便是「第一洞天」四個大字，洞府一般是道教用來形容神仙住的地方，第一洞天也說明七星岩是名山洞府中最好的地點。

七星岩示意圖

入口
鯉魚跳龍門
古榕迎賓
老君臺
歡止潭
露滴石筍
白玉長廊
獅子回頭望駱駝
空谷傳聲
第一洞天
摩天嶺
仙人曬網
巨石填蛇
米糧山
劉三姐對歌臺
第二洞天
牛郎
鵲橋
第五洞天
熊貓戲珠
織女
水簾洞
花果山
第四洞天
第六洞天
無底深潭
天然壁畫
南天門
奇象異洞
雙蛇入洞
群仙洞府
出口

獅子回頭望駱駝：很像一隻單峰駱駝，下面的岩石很像一頭獅子，有頭、腳、背。

鵲橋：左邊石壁上是牛郎和他的兩個孩子，右邊是織女和她的姐妹們。

古榕迎賓：在七星岩的入口附近有一座巨大的鐘乳石山，迎面而立，很像一株枝繁葉茂的古榕，栩栩如生。古榕站在門口就像在歡迎賓客，此景便叫作「古榕迎賓」。

鯉魚跳龍門：在七星岩洞頂，有一條金色的鯉魚正在激流中奮進，鯉魚的頭部、身部、尾巴，後邊還有飛濺的浪花，很像「鯉魚跳龍門」的景觀。

北斗七星：在七星岩洞頂的最高處，照耀著亮麗的北斗氣星，圍繞著無數顆閃爍不定的小星星，奇光異彩的星群，就像天空中的北斗七星。

老君臺：七星岩內有一個平臺，相傳這個平臺是道教的李老君修煉成仙後所留下，所以人們就稱為「老君臺」。明朝著名地理學家、旅行家徐霞客來遊七星岩時，就攀洞懸梯，登臺勘察，在《徐霞客遊記》中記下「老君臺」，因而廣為流傳。

廣寒宮：在七星岩有一座美麗、幽靜的宮殿，與神話中的廣寒宮十分相似。宮前有桂花樹，樹下站著一位仙人，神情恍惚而又哀怨，人們都說她就是嫦娥。

三姐對歌臺：七星岩有一塊高大的石臺，相傳是廣西歌仙劉三姐在桂林傳歌的地方。劉三姐是一個聰明、伶俐、勇敢的壯族女孩子，她和阿牛哥來到七星岩，在這裡搭起歌臺，唱了三天三夜。方圓百里的父老鄉親都來到這裡聽她唱歌、跟她學歌，三姐的歌聲婉轉動聽。

❺ 駱駝山

駱駝山（駝峰山）位在普陀山後，其狀酷似一隻蹲在地上的駱駝而得名，又因像一個古代的酒壺，又被稱為壺山或酒壺山。

駱駝山也有桂林第二城徽之稱。明代末年有江南名士隱居於此，遍種桃花。每年春天，桃花繁盛，花開如紅霞一片，彷彿為駱駝山披上赤霞，景色優美，古人稱此為「駝峰赤霞」的景觀。1998 年 7 月，時任美國總統的科林頓先生在訪問中國大陸期間，於此山前發表環保演說。現在山的周圍有總統演講臺、動物園、盆景藝苑、花圃茶室等亭臺樓閣。

連結

雷酒人

駱駝山與雷酒人有關，雷酒人又與酒有關。雷酒人，原名雷鳴春，號亮工，明末江南儒生，後流落到桂林，住在山下。雷鳴春喜歡喝酒，常飲不醉，人們稱他為「雷酒人」。他能詩善文，著有《大文參》、《桂林田海志》等著作。他還在山前山後遍種桃花，每當春天，「桃花年年爛漫開」時，駝峰在花叢中，更加生氣勃勃，精神抖擻。雷酒人死後，葬於駱駝山下。

❻ 桂海碑林博物館

桂海碑林博物館位在七星景區西南部，博物館是包含史稱「摩崖殆遍，壁無完石」的龍隱岩、龍隱洞和碑廊、碑閣、拓片陳列室在內，展示桂林石刻文化魅力的專題性博物館。

館內現保存有唐至民國摩崖石刻 210 多品，並收藏和陳列有桂林歷代石刻精品拓片及歷代散碑、石雕、石作，全面展示桂林石刻文化源遠流長的歷史進程和典雅蘊藉的藝術品質。其中著名者如李渤、范成大、袁枚之詩詞，顏真卿、李陽冰、石曼卿、黃庭堅之書翰，元晦、朱熹、張栻之文賦，吳道子、貫休、米芾之丹青，均為中國優秀歷史文化遺珍。

七星景區示意圖

矚觀亭

普陀山

碧虛閣 ❹

七星岩

棲霞大門

棲霞寺 ❸

陳光烈士墓

遊樂場

連結

桂海碑林

七星景區內種植的 6000 多株金桂、銀桂、丹桂、四季桂、石山桂等各品種的桂花樹，在秋天形成桂花的海洋，這與景區內龍隱岩珍貴的摩崖石刻文化氣息相得益彰，成就著名的「桂海碑林」盛景。

解說

《靖江府城圖》：拓自桂林城北鸚鵡山上的《靖江府城圖》，是中國現存 2 件最古老的古代石刻地圖之一，也是中國大陸境內面積最大的石刻城圖。這幅地圖最早採用寫景式符號，是地圖設計史上的重大創舉。

《餞葉道卿題名》：宋代石曼卿作品，刻有 66 個真書大字，顏筋柳骨，自然雄逸，沉著端重，氣勢不凡，是件極為難得的書法珍品。

❼ 會仙岩景區

位在景區西南部的會仙岩，屬於峰林地貌，孤峰突兀。它與市內的獨秀峰、伏波山和疊彩山遙相呼應，是桂林主要的山峰之一。會仙岩山體扁圓，端莊雄偉，峭拔峻秀，有「獨樹一幟」之譽。山上建有日華亭、月華閣、星華台等。

晨熹夕照，披上一層太陽的光輝，儼然一位鶴髮童顏的神仙，故又被稱為「紫仙山」。據記載，明崇禎十年（1637年）閏四月，徐霞客曾遊覽桂林名山，在會仙岩也留下足跡。

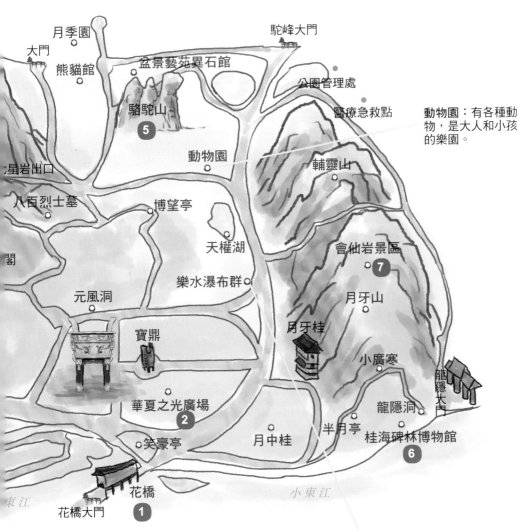

月季園
大門
熊貓館
盆景藝苑異石館
駝峰大門
公園管理處
醫療急救點
動物園：有各種動物，是大人和小孩的樂園。
駱駝山 ❺
動物園
輔靈山
星岩出口
八百烈士墓
博望亭
天權湖
會仙岩景區 ❼
樂水瀑布群
元風洞
月牙山
寶鼎
月牙桂
小廣寒
龍隱大門
華夏之光廣場 ❷
笑豪亭
月中桂
半月亭
龍隱洞
桂海碑林博物館 ❻
花橋
花橋大門 ❶
東江
小東江

樂水瀑布群：瀑布飛濺、水鳥嬉戲，一派嶺南園林的詩畫意境。

攻略

美食 老饕一族新發現

月牙樓：月牙樓是一家知名的素食餐廳，開業200年來極負盛名，店內的「月牙姑子麵」和「桂林米粉」，都是桂林著名的民間小吃。其他還有深受大眾喜愛的桂花香芋盒、柚子皮瓤肉等，都是月牙樓的招牌菜。

椿記燒鵝（建乾路店）：位在七星景區附近的建乾路12號。這家餐廳將廣式風味跟桂林菜的口味完美結合，尤其是招牌菜椿記燒鵝，皮脆柔嫩。

娛樂 城市魅力深體驗

冒險樹：是一項在樹上進行的探險項目，位在駱駝峰旁邊，用各式各樣的障礙環節將樹連成一條路線，玩家需要透過爬、滑、遊、跨、跳、飛等動作越過所有障礙，始能到達終點。在整個運動中，彙集高空、速度、力量、毅力等戶外探險所必備的元素。七星公園「冒險樹」已對外開放兩條成人路線和兩條兒童冒險路線。

> **旅遊小 Tips**
>
> 七星公園冒險樹分為5個等級：黃、淺綠、深綠、藍、紅線等線，藍線過程平坦，算是最簡單的，遊客可自行選擇難易度參加。開始之前，工作人員會幫玩家穿妥安全服裝，詳細解說保險設備的使用方法，每一個銜接點都要有教練或工作人員負責指導和保護。

CS 野戰：位在七星景區的動物園內，採用雷射模擬槍與感應系統，屬於世界公認的逼真類比戰爭場景系統，過程好比一場真實的戰鬥，帶給人無比的刺激與成就感。遊客可以在此感受團隊的力量，收穫勝利的喜悅。

攀岩：位在輔星山，靠近龍隱路。俱樂部為攀岩運動者提供攀岩所需的裝備，例如頭盔、安全帶、動力繩、粉袋、攀岩鞋等，該項目有國家級專業教練負責指導和保護。開放時間：10：00～17：00。

動物園：位在七星龍隱路駝峰門右側，是除四川臥龍熊貓科普基地之外，中國大陸官方單位唯一授權的大熊貓科普基地。桂林動物主題樂園實行一票制，購買門票後，除了可以看到可愛的國寶大熊貓、近百種珍稀動物外，還可免費玩松林飛鼠、碰碰車、自控飛機、大青蟲、空中漫步、狂呼、搖頭飛椅、旋轉木馬、激戰鯊魚島、小火車等十多個遊樂項目。開放時間：8：00～17：30。

愚自樂園
桂林山水間的藝術世界

★甜蜜蜜　愚自樂園的建設以藝術創造為本、雕塑創作為主，集自然景觀與人文景觀於一體，包含藝術表演、藝術教育和藝術研究。樂園以不破壞自然風景為前提，全部建築都隱蔽在自然景觀裡。

★小城故事　愚自樂園內陳列多年來由世界傑出雕塑家創作的大量作品，使周圍的自然山水增添文化氣息。自然藝術與人文精神相得益彰，交相輝映，讓每個進入這裡的人都能感受到藝術的震撼，令人沉思或開懷。

★ iPLAY　在愚自樂園的鄧麗君花園，聽著鄧麗君的溫婉歌聲，觸摸著她留下的衣物，對於她的歌曲和人生都有了更加深刻的瞭解。

門票和開放時間

門票：人民幣 80 元（普通票）。鄧麗君音樂花園門票人民幣 40 元。

開放時間：9：00 ～ 17：00。

進入景區交通

位置：桂林市雁山區大埠鄉境內。

交通：

1. 桂林汽車總站至愚自樂園有專車，每隔 20 分鐘發車。
2. 從陽朔汽車站乘陽朔至桂林客車，到大埠路下車。

如果說桂林山水是大自然的造化，那麼，愚自樂園就是人類雕塑藝術的博覽苑。愚自樂園由臺灣企業家曹日章先生籌建，取「愚人建園以自樂」之義，是一座以當代雕塑和洞窟藝術為主的大型地景藝術公園。

愚自樂園以絕美的自然風光和濃郁獨特的藝術氛圍，成為世界頂級的創作基地與度假勝地，同時也是來自世界各地的藝術家和藝術愛好者彙聚交流、激情創作的天堂。

❶ 雕塑景區

走進愚自樂園便如同走進雕塑世界。從 1997 年至今，樂園已舉辦多屆國際雕塑創作營，近 47 個國家和地區的 140 多位優秀雕塑家參與，創作近 200 件大型戶外作品，可供遊客觀覽欣賞。這些雕塑構成愚自樂園獨特的雕塑景區，許多旅遊專家稱為「東方的羅浮宮」。

> **解說**
>
> **雕塑作品**
>
> 這些雕塑中有來自法國、德國、臺灣和中國大陸等 6 位知名藝術家，在多種場合創作《人間舞台》、《夢系列》、《生命之旅》等大型系列作品，共 103 件。這些作品融合中國美學傳統與西方文化精髓，與自然景觀相互輝映，是極具觀賞價值的藝術資產。觀賞它們，你會重新認識什麼是人類精神、什麼是人類創造。

❷ 工藝村

愚自樂園內的工藝村是以保存傳統工藝，並展示民間藝人手藝為主要內容，包括傳統改良式工藝品展覽館、工藝師與民間藝人表演示範區。在這裡，遊客可以看見生活中已經很少見到的民族工藝以及傳統的工藝品。

創作坊：設置石雕、鑄銅、版畫、陶藝、木雕、琉璃六大工作室，擁有專業的設備、技藝精湛的助手、經驗獨到的培訓師，滿足不同層次的創作與學習需求。

國際交流中心：國際交流中心設在麗庭酒店內，有大、中、小型會議室和資料、圖書閱覽室等。

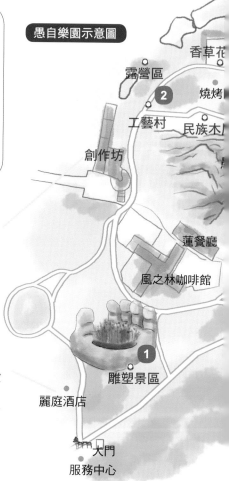

愚自樂園示意圖

香草花
露營區
❷
燒烤
工藝村
民族木
創作坊
蓮餐廳
風之林咖啡館
❶
雕塑景區
麗庭酒店
大門
服務中心

❸ 地中海度假村

來自法國的地中海俱樂部（Club Med）是世界上最大的度假連鎖集團，桂林愚自樂園地中海度假村，是 Club Med 在中國大陸第一家全年度開放的度假村，建在美麗的喀斯特地貌上，融合桂林淳美山水、現代藝術以及健康休閒的度假理念，為遊客帶來獨特的完美假期。

> 攻略
>
> Club Med 桂林度假村是法國度假連鎖龍頭——Club Med（地中海俱樂部）在中國大陸的三家度假村之一，經營全包式的旅遊行程。在這裡，囊括各種度假項目，有 SPA、按摩、瑜珈、洞穴探索、空中飛人和攀岩、射箭、山地騎行、網球，以及可量身訂作的旅遊路線。

主苑　臥薪嚐膽

鳥巢

游泳池　碼頭

⑤ 鄧麗君音樂花園
　　碼頭

湖畔餐區　風之林
白日夢館

日湖

④ 洞窟藝術區

水晶宮　湖畔作品區　時光金字塔

藝術樓

SPA　地中海度假村　光湖　綠地作品區

③　　　　　　　　　　⑥ 幾米布瓜世界

往愚自樂園事業區

松林作品區

藝術家工作室：設在藝術樓內，包括雕刻室和美術教室等各種創作場地，供國際知名藝術家進行創作，並提供各種完備的工具、材料和助手。

心靈潛能開發中心：心靈潛能開發中心設在水晶宮旁，著重運用心理治療和自然調理等方式，協助人們達到潛能開發及心靈提升的目的。

❹ 洞窟藝術區

愚自樂園開闢獨具特色的洞窟藝術區，洞窟藝術區包括歷史洞窟、藝術洞窟、洞窟美術館三個部分。歷史洞窟依山而築，以 20 世紀人類社會的文化與文明為主要題材，透過永久性的壁飾、浮雕，配上精心設計的洞窟工程來呈現這個主題。

藝術洞窟邀請藝術風格凸顯的藝術家，進行分類個性化的創作，環山勢呼應成趣。洞窟美術館隱藏在峰奇石美的山腹中，具備最現代化的美術館典藏、展示功能。

> 解說
>
> **洞窟藝術**
>
> 桂林素以山清、水秀、洞奇、石美著稱，千百年來留下大量洞窟石刻，愚自樂園洞窟藝術區將桂林獨步全球的地理資源優勢，賦予人文的生命力，如同敦煌石窟的千古不朽，愚自樂園藉由繽紛呈現的洞窟藝術，留下歷史獨有的藝術風貌。

❺ 鄧麗君音樂花園

雖然一代歌后鄧麗君已經離開多年，但那甜美的歌聲至今讓人難忘，很多歌迷都想瞭解鄧麗君的生平，在愚自樂園就有這樣一個地方，那就是鄧麗君音樂花園。

鄧麗君音樂花園主體建築呈三角形，建築的正面設有供歌迷朋友們追思獻花的銅像和花池。正面三角地裡種植著鄧麗君喜愛的紫色花草，還有用黑白兩色大理石雕琢的巨型鋼琴鍵，當人們站在任意一個鍵上，都會有鄧麗君的歌聲響起，在展覽廳裡擺放著鄧麗君各個時期的照片、衣服、化妝品，以及首飾、汽車等遺物。

❻ 幾米布瓜世界

幾米的作品風靡全世界，愚自樂園設置幾米布瓜世界，將幾米繪畫中的主角做成各種雕像和景觀設計，以立體展示的方式，讓這些個性鮮明的主角展現在遊客眼前。

幾米作品中那些可愛而又意味深長的「為什麼」被掛在樹上、爬在牆上、放在玻璃窗，讓大人和小朋友孩們去尋找生活的睿智和理性，真是很有意思的創意啊！

攻略

住宿 背包客推薦的住宿地

　　遊覽愚自樂園，住在園內當然是最佳選擇，只不過園區內的旅館住宿費用較高。

　　桂林夏朵酒店（原愚自樂園荷瑪酒店）是一座綠色金字塔藝術造型的建築，與園區開放式露天藝術博物館相互輝映。每間客房都聘請藝術家精心打造，風格迥異，各具特色和主題，配色有的輕快鮮明，有的簡單柔和，給人不同的視覺感受。酒店內的每一件擺設、裝飾都是藝術品，曾被雜誌 Asia and Away 評定為「中國最佳藝術精品酒店」。

　　除此以外，景區精心打造的民族風小木屋、藝術小屋和各種帳篷，都能為遊客帶來不同的生活體驗。

美食 老饕一族新發現

　　園內設有美食區，有藝「素」自助餐、湖畔星光自助餐、松廊自助餐廳、特色簡餐、全視景咖啡廳、露天燒烤平臺等特色餐廳，可供遊客用餐。

　　另外，在夏朵酒店內還有家蓮餐廳（Lotus），用餐環境非常典雅，有許多蓮花造型的擺飾。供應當地菜系、西式料理和各種主廚創意菜餚，深受饕客們好評。在蓮餐廳用餐，可以在燈光璀璨的氣氛中，邊看夜景邊享受美食。

PART 3
陽朔

專題 陽朔峰林

　　陽朔位在廣西東北部，俗話說「桂林山水甲天下」，而陽朔堪稱甲桂林。桂林山水因百里灕江聞名天下，而灕江流經縣內的 63 公里河段，是江畔風光最美的景點，兩岸奇峰高聳，翠竹如海，奇峰和翠竹全都映照在澄碧的江面上，形成一幅世界上獨一無二的山水畫卷。

　　陽朔屬典型的岩洞地貌，境內有挺拔俊秀的奇峰 2 萬多座，17 條河流蜿蜒於萬山叢中，被徐霞客譽為「碧蓮玉筍世界」。這奇山秀水、怪石異洞、田園風光構成的自然景觀，展現一處獨特的立體風景。

徒步世界第一峰林——葡萄峰林攻略

徒步賞葡萄峰林的三條經典路線：

　　1. 仁和路口→鐵廠→李厄→獅子嵗→大村路線（2013 年聯合國教科文組織專家的考察路線之一）；桂林火車南站乘陽朔巴士，到楊堤路口往南約 1.5 公里，馬路西側的仁和路口下車。

　　2. 在桂林火車南站乘陽朔巴士，到葡萄鎮。葡萄鎮政府對面鋪布山（觀音岩）→翠屏五指山→周寨→石口寨→世外桃源路線。

　　3. 在桂林火車南站乘陽朔巴士，到葡萄鎮。葡萄鎮→烏龍村→百里新村路線。

　　楊堤路口往南約 1.5 公里，馬路西側的仁和路口下車，徒步 3.5 公里到鐵廠村，如再往前 1 公里到橫山鋪村，則可以看到桂陽古驛道和小七孔橋。村前田垌中有一條石板小路，就是聯國專家考察的路線。沿石板路自西向東徒步，到村北側，再自南向北，翻越不高的李厄，就到了四面峰林環繞的獅子嵗，這裡是典型的峰林地貌。最後由獅子嵗北側的水泥鄉道向東走 3.5 公里，東出良豐農場葡萄分場（俗稱八隊農場），即桂陽公路，可乘陽朔巴士返回。

十里畫廊中的象形山峰

海豚出水

　　一個玲瓏奇巧的小山峰獨立嵯峨，高數 10 公尺，經萬年風化，岩溶剝蝕，形成一個紡錘形山體，酷似一隻海豚出水狀，這是萬點桂山眾多象形山峰中，唯一的海洋動物。

八戒晒肚

十里畫廊西側，在一座高山山巔上，有一個橫臥巨石，形狀很像《西遊記》中豬八戒裸腹晒太陽，圓嘟嘟的，很可愛。

金貓出洞

十里畫廊東側有一個山崖，崖上有一個小洞，其內右下部有塊奇石，就像一隻正欲出洞的金貓。能見貓的頭部和前半身軀，活靈活現，巧奪天工。

馬象奇石

十里畫廊東側，有座山高聳，狀若屏藩。山下有個洞，洞口有一塊大鐘乳石附在石壁上。從路邊望去，此石奇特，可看出兩個動物：從外往裡看，像一匹白色駿馬低頭進洞；從裡往外看，像一隻大象信步出岩。

龍角山

十里畫廊東側，龍岩門村前，有兩座山峰從綠林中冒出，連蹤背向，直插蒼穹，形如龍角，又似一對破土而出的玉筍。當地人稱此為風水寶地真龍口。

秦皇出征

龍岩門村旁的懸崖峭壁，由於壁紋痕印惟妙惟肖，其中一處如一匹戰馬，附近是一部戰車，後方是多列身著古代戎裝的秦代士兵，頭盔、鎧甲都很逼真，和咸陽兵馬俑有相同的工藝水準。

孔雀迎賓

龍角山前東南有一座低矮山峰，秀雋玲瓏，酷似一隻昂首孔雀的頭、頸部位，稍後的連座叢峰，環列高聳，色彩斑斕，恰似這隻孔雀盛開的錦屏。

駱駝過江

十里畫廊東側，工農橋旁望去，在一望無際的田園間，田家河像條白絹，宛然曲折東流，河邊有一座山，酷如駱駝，形態似自得漫步，前往過河，人稱「駱駝過江」。

美女梳妝

由工農橋沿公路向南眺望，月亮山側一峰，圓頂修長，亭亭玉立，恰似一位東方美女披著長髮，目視前方梳妝打扮。

幼獅出林

瀝村後山左側山峰中挺立一峰，活像一隻機靈頑皮的小獅，從幽林中跳出，蹦蹦跳跳，使人有招之即來之感。

陽朔西街
桂林山水間的異國情調

★天空之城　在陽朔旅遊，一定要去逛逛那聞名於世的西街，因為它充滿淳樸與繁華。街上開店的老闆都是淳樸的陽朔人，待客熱情，做生意很實在。一百多個攤位和店舖一字排開，出售民族服飾、工藝品、瓷器、古玩等各式各樣的商品。

★靜世界　陽朔是座平靜安逸的城市，卻有條繁華小資的街──西街。遊客在這裡可以盡情享受小鎮幽靜的環境和獨具情韻的休閒時光，體會浪漫情調和異國風情。

門票和開放時間

門票：免費。

開放時間：全天。

進入景區交通

位置：桂林市陽朔縣城。

交通：在桂林汽車站乘汽車到陽朔，下車後步行 200 公尺可到。

　　西街是位在陽朔縣城中心的一條古老街區，有著1400多年的歷史。西街的房屋古樸典雅，有著桂北明清時期風格，小青瓦、坡屋面、白粉牆、吊陽臺等，就是這股古樸氣息，讓西街成為陽朔旅遊的一個重點，也成為世界聞名的旅遊景點。

　　西街是一條散發著濃郁歷史文化氣息的古街，也是一個濃縮華夏精華的中式小鎮，而且還是一條充滿西方色彩的洋人街。陽朔被譽為「中國第一條洋人街」和「最大的外語地」，這裡儼然已經成為地球村。在西街，隨處可見金髮碧眼的外國遊客，還有許多西方人所開設的餐廳、咖啡店、酒吧等，把西方的美食和生活特色帶入陽朔。

❶ 旅行者酒吧

　　這是一個緊鄰街道、內部空間不大的小酒吧，白天沉寂，夜晚則變得多采多姿。

　　酒吧內的一面牆上有各種塗鴉，右面牆上則是密密麻麻的簽名、留言，使每一位來西街購物、散步、體驗夜生活的人留下印跡。旅行者酒吧內有許多書籍和旅行資料、導覽地圖，在這裡除了能品點小酒，還能拿到許多旅遊的寶貴資訊。

> **攻略**
>
> 　　酒吧裡除了販賣酒飲，還是西街上號稱披薩做得最好吃的一家店，店內的起司醃肉披薩、牛肉馬鈴薯泥派、肉醬義大利麵、西式橙汁鴨都非常好吃，而且價格適中。

❻ 明園咖啡

　　明園咖啡是西街上一家非常雅緻的咖啡店，位在濱江路 27 號，老闆是位儒雅的臺灣先生，老闆娘則是賢慧美麗的桂林女士。店內除了有香醇的咖啡外，還為遊客準備心情記事簿，讓遊客可以有一個地方敞開心扉，將路途上的心情記錄下來。

　　坐在店裡，品味一杯手沖咖啡，體會豐富的「黑金」文化內涵，翻看其他遊客留下的心情記事簿，互相交流旅途心得，也很有趣。

❼ 如果 if 酒吧

　　木板刻的店名牌子很有意思，旁邊掛著一塊小黑板，上面寫著「If together, If apart, Imagine if.」（如果在一起，如果離別，想像如果。）店裡的椅子是木桶形狀，造型別緻。老闆原來是在北京玩地下搖

> **攻略**
> 　　如果 if 酒吧的雞尾酒口味都很有個人風格，喜歡雞尾酒的朋友可以試一試。

滾的樂手，所以現場會有一些搖滾樂器，店內播放著搖滾樂曲，如果想感受一下搖滾樂，這裡是不錯的選擇。

❽ 陶家正宗啤酒魚

　　啤酒魚是陽朔有名的地方特色菜，口味獨到，吸引大批遊客慕名而來，吃了以後都讚不絕口。這家店的魚是從灕江撈上來的灕江清水魚，魚肉鮮美可口，啤酒和魚肉的香味，保證讓人胃口大開。

❾ 紅星特快

　　紅星特快位在桂花路 56 號，是一家非常有特色的酒吧，老闆「阿利」是位新加坡人。店內牆上掛著簑衣、魚簍、火槍和各種民族飾品，樣式各異，排列在一起更能顯示特色。吧臺上釘著幾塊國外的汽車車牌和用圖釘釘著的各國零散鈔票，一個古老的手搖電話機放在吧臺下面的矮桌上，清一色原木桌子，上面點著一根小蠟燭。穿過吧臺是一個大房間，刻意設計的粗糙牆面，就好像一處沒完工的工地，還擺設了多盞路燈，整間店面的布置都非常有個性。

　　因為地處西街背後，酒吧占地寬闊，特別圍出一個花園院牆。夜晚時，花園裡燈光搖曳，氣氛寧靜。這裡是西街最抒情的酒吧，很適合情侶或新婚夫妻過來。

❿ 玫瑰木餐廳

　　位在西街 83 號的玫瑰木餐廳是一家義大利餐廳，菜餚都是由義大利籍的廚師所製作，口味道地。店內最受饕客們歡迎的就是義大利麵和薄脆披薩，口味多樣，配料豐富又新鮮，其他還有炸雞配炸薯條、焗烤馬鈴薯等也很好吃。除此之外，菜單上還有些中式菜色，例如琵琶鴨、鳳梨炒飯、腰果炒鮮蔬等，口味也不錯。

　　玫瑰木的咖啡也很值得品嚐，咖啡豆和咖啡機都來自義大利，能喝到傳統的義式咖啡。另外，還有一種冷飲更是一絕——玫瑰蜜露水，由老闆親自調配，是用雲南玫瑰及當地的野蜂蜜調製而成，清香爽甜，非常受歡迎。

　　店內擺放許多綠色植物，非常清新，餐廳外面正對碧蓮峰，是觀景的好地方。

⓫ 小馬的天酒吧

　　小馬的天酒吧位在縣前街 28 號，老闆是位年輕的法國男子，暱稱「小馬」，從店面門口的裝飾物就表現出濃郁的文藝風格，門邊有許多彩色的旗幟，酒吧裡面的布置也很有情調，用木製的桌椅散發出慵懶氣息，店內還有名歌歌手駐唱，能夠邊飲酒邊聽音樂，非常適合和朋友聊天小聚、放鬆身心。

坐在店內的木頭椅子上，目光穿過落地玻璃窗，就能看見一片藍天，這片天在斜對面的中國攀岩吧看不見，在路口的玫瑰木餐廳看不見，只有在小馬的天酒吧內能看得一清二楚。

攻略

　　推薦品嚐店內的熱巧克力蛋糕，中間包有巧克力塊，上桌前會再加熱，讓中心的巧克力融化，端上桌時還有餘溫，切開後巧克力就好像爆漿一樣流出來，吃進嘴裡又熱又嫩，令人吃一口就欲罷不能。除了熱巧克力蛋糕，還有香蕉餅、蘋果餅等，都做得軟嫩適中、甜香不膩。

⓬ 原始人酒吧

　　原始人酒吧位在西街轉角 34 號，店內兩側都是透明玻璃，坐在店內就能看見西街景象。這裡白天以賣烤雞出名，雞皮酥脆，雞肉鮮嫩多汁。到了晚上，搖身變成酒吧，販賣各種酒精飲料和雞尾調酒，當然也可點烤雞和各種下酒小菜。酒吧內部裝潢簡單隨興，不走精緻風，不過燈光灑下來的柔和黃線條加上淡黃色的木桌、木椅，感覺很溫馨。

⓭ 陽朔山水園（原碧蓮峰景區）

　　陽朔山水園位在陽朔縣城內碧蓮峰東麓，風景如畫的灘江環繞而過，因集山水秀色、文化古蹟、珍奇賞玩於一身，被譽為「園中之園」。園中最吸引人的便是陽朔縣城標誌之一的碧蓮峰，碧蓮峰因其秀麗景色而被稱為「陽朔第一峰」。

　　景區內山間亭閣、摩崖、碑刻頗多，從唐代佛門大師鑑真、晚唐大詩人曹鄴、明代大旅遊家徐霞客等上百位名人雅士都曾到園中遊覽，留下大量詩文墨寶。

攻略

　　古往今來，碧蓮峰因形似一朵含苞待放的碧蓮而得名。在其東面大約 500 公尺的陽朔大橋南橋頭有一個「觀蓮處」，從這裡看碧蓮峰，最像浴水而出、亭亭玉立、含苞待放的蓮花。

攻略

住宿 背包客推薦的住宿地

　　陽朔住的地方很多，但最好是住在西街，因為那裡的街道兩旁有多間小旅館和飯店，選擇性多，價格也划算。建議可以多詢問幾間旅館，多看房型、多比價，就能找到合適的住宿地點。

　　陽朔老班長國際青年旅舍：這是目前陽朔口碑較好的背包客棧之一。旅舍位在陽朔步行街旁邊，鬧中取靜。旅舍有一個公共大廳，有公用電視機、柔軟的沙發、書報雜誌和免費的自助式咖啡，還能連接 Wi-Fi 上網和撞球等娛樂活動。電話：0773-6919780。

　　西街 8 號旅館：這是一對夫妻開的小旅館，鬧中取靜。部分房間內有一個特別大的陽臺，坐在陽臺上可以東看灕江、西看西街，視野極好。電話：0773-8820118。

　　陽朔馬可波羅客棧：位在西街中央，樓下就是酒吧和步行街，晚上很熱鬧。酒店為庭院式布局，裝飾別緻，有民族特色。電話：0773-8827544。

　　陽朔浪漫滿屋客棧：店如其名，非常浪漫。房間內的裝潢採用粉色、淡黃色等暖色系為主色調，溫馨舒適。有浪漫公主房、秋之戀等特色的主題房，尤其浪漫滿屋客房在最高層 5 樓，可以直接觀看灕江景色。客棧提供自助洗衣，5 樓有專門晾衣服的地方。電話：0773-8812968。

　　懶人堂：這家店也是深受背包客歡迎的旅館之一。需要提早一週上網預訂，最好訂到有陽臺的標準房間，能方便晾曬衣服。要特別注意的是，逢週六房價會加收人民幣 20 元，其餘時間則是正常價格。電話：0773-8829388。

　　鮮花滿屋（總店）：在陽朔很有名，有兩家店。客棧外是一條小河，客棧內種滿鮮花，有西式風情，與西街的古老形成明顯對比，又能相互融合。房間用花朵做為主要裝飾，溫馨浪漫，很適合新婚夫妻或情侶入住。電話：0773-8883058。

美食 老饕一族新發現

在西街上，除了有很多間西餐廳，還有許多美食也非常值得嘗試。在西街口，有著名的宵夜一條街，林林總總的小吃，油茶、湯圓、燉雞蛋、甜酒蛋、豆子茶和陽朔粑粑、蓮子羹等，好吃不貴，捧一碗坐在夜色裡慢慢品嚐，好像一個真正的陽朔在地人，解饞又開心。

西街傳人：是個路邊攤位，位置不多，每天座無虛席，尤其啤酒魚、炒田螺、炒花椰菜、炒雞丁都很受歡迎。天氣冷時，火鍋也是熱門餐點，提供豐富的配料和口味獨特的湯頭。

甜品：西街路邊的芝麻糊味道很好，還有許多流動的攤位販賣蓮子羹，是西街的特色甜品。

購物 又玩又買嗨翻天

陽朔有很多小飾物，例如手鐲、戒指、披肩、頭巾等，價格不貴，款式還算 OK，非常吸引人。也有些獨具民族特色的手工藝品，如竹木製品、竹子涼席、陽朔畫扇、興坪木鞋等，其中又以陽朔畫扇最有名。陽朔西街也是陽朔有名的購物天堂。

整條街道兩旁有很多個性小商店，販賣各種特色工藝品和個性飾品，例如「火柴天堂」是一家很有趣的小店，門口有革命標語，店內主要販賣各種有特色的火柴，還有其他各式各樣的小飾品；陽朔西街 17 號的筷子店，是一家專門售賣筷子的商店；「音樂之名」則是販賣 CD 的商店，出售許多外文唱片，種類齊全，加上西街上這類型的店家較少，所以這家店的生意不錯。

遇龍河
潺潺流水間的田園風光

網友推薦

★哈哈鏡　遇龍河水質清澈，水流緩緩，兩岸山峰清秀迤邐，連綿起伏，形態萬千。江岸綠草如茵，翠竹蓊鬱，樹木繁蔭。遇龍河的水如同綠色的翡翠，清澈透亮，魚兒游，水筏飄搖。

★問明月　遇龍河很美，乘船遊河，就像遊在畫中一樣。那水，靜得像一面波瀾不驚的鏡子，那山重重疊疊，每個角度看都不一樣。適合靜靜坐著，享受微風拂面的感覺。

門票和開放時間

　　門票：除了漂流需要門票，其他免費。

　　開放時間：遇龍河全天開放。

最佳旅遊時間

　　四月和五月為最佳旅遊時間，此時是豐水期，適合漂流；而且此時萬物復甦，也是徒步賞景的好時節。

進入景區交通

　　位置：桂林市陽朔縣境內。

　　交通：在陽朔汽車站乘前往遇龍河的汽車。

遇龍河是陽朔山水的精華，以山青、水碧、竹翠、橋奇、村巧聞名於世，是桂林山水中出色的美景，也能充分展現陽朔的好風光。

遇龍河發源於臨桂縣的古里河，流域卻大多在陽朔境內。清澈嫵媚，一路流經陽朔的金寶鄉、葡萄鎮、白沙鎮、新陽朔鎮、高田鄉，最後與金寶河交匯於青厄渡（高田日出）處，再一同流入田家河，再由田家河注入灘江，兩岸自然風光無比秀麗，令人心醉。

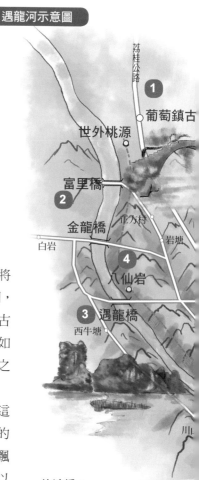

遇龍河示意圖

仙渡橋：一座安靜的石拱橋和橋邊的路燈。

❶ 葡萄鎮古石城

葡萄鎮的古石城位在鎮西北面的梅嶺之間，方圓面積將近 10 平方公里，共有東西南北 4 座城門，原有 24 座小城門，現保存 18 座小城門，原有點將臺、中軍寨，現存遺址。古石城下原本有 4 座古廟，目前保存下來的有 2 座。據說，如果要走完所有的 18 座城門，須歷時一整天。古石城規模之大、地勢之險、建築之神奇，在世界各處都很罕見。

古石城中主要有石頭寨、大岩頭、小衝崴三座村落，這座古城與其他石頭城相比，最大的特點就是被中國最美麗的峰林──陽朔峰林所環抱。城內春有油菜花黃，秋有稻穀飄香，來到古石城既可以領略石鑄古建築的雄偉壯觀，又可以親近自然的甜蜜芬芳。

> ### 旅遊小 Tips
> 村子裡沒有旅館，最好是安排上午參觀，走完古城後就搭公車前往市區。臨近的餐飲店也少，只有幾間賣簡餐的小攤販，怕吃不慣的遊客最好隨身自備些乾糧和飲用水。

> **攻略**
> 遊覽方式：遊覽石頭城最好的方式便是徒步旅行，用步行的方式走訪石頭城，可以慢慢感受古城的滄桑魅力。

專題 石頭城徒步之旅

　　徒步古石城可以感受在灕江背後，山嶺間穿行的悠閒與寧靜，全部走完需要一天時間，難度較大，腳力比較沒那麼好的遊客，建議走訪精華的四個城門即可，需 2 ~ 3 個小時。

　　之後穿過城中的石頭寨、大岩頭村、小衝崴村，覺得體力上可以負荷，再繼續走就可以到達相公山，相公山是灕江風景區最好的拍攝點，攝影愛好者可以爬山上去。穿過相公山便到達荷苞山村，之後可以抵達九馬畫山。

　　交通方面，可以從桂林或者陽朔搭車前往葡萄鄉，然後轉乘去石寨的農用車或者請摩托車載去，便可以到達小耀門村，在這裡可以請當地農民當嚮導，但必須支付費用。

　　徒步路線 A：小耀門村—石頭寨—大岩頭村—小衝崴村—大坪村—水岩門村—相公山—黃泥田村—鐮刀灣村—大河背村—漁村村—興坪鎮（全程約 19 公里）。

　　徒步路線 B：小耀門村—石頭寨—大岩頭村—小衝崴村—大坪村—水岩門村～相公山—荷苞山村—冷水村—畫山村—興坪鎮（全程約 18 公里）。

菩薩水岩：洞長 3 公里，穿過三座山，因其岩內有一尊酷似菩薩雕像的鐘乳石而得名。

❷ 富里橋

　　富里橋處遇龍河上游，石結構單拱，長 30 公尺，寬 5 公尺，高 10 公尺，築於明代，距今有 500 多年歷史，造型美觀，水中倒影恰似一滿月。立橋頭觀田野，青山環抱，綠水繞莊，河壩浪花滾滾、溪水潺潺，田疇井然，阡陌如織，令人陶醉流連。這裡是觀賞田園風光的最佳處，站在橋上看風景，滿眼都是村莊靜謐的山水畫卷。潺潺的流水，安靜的村莊，此時站在橋上的人也成為這片美麗的田園風光中的一景。

❸ 遇龍橋

　　從富里橋沿著遇龍河走便到了遇龍橋，遇龍橋位在遇龍河中上游的白沙鎮，此橋建於明代，是陽朔縣境內規模最大的古代石拱橋。它長約 60 公尺，寬 5 公尺，高 9 公尺，單孔跨度為 18 公尺，清同治九年（1870 年）加修石欄，欄上花鳥魚蟲，龍鳳呈祥，十分精美。

　　遇龍橋橋體巍峨壯麗，石橋兩側爬滿青藤，古色古香；橋下流水悠悠，村民們世世代代在這裡擔水、洗衣。月轉星移，遇龍橋見證人世滄桑，卻依然堅固如初。

> **連結**
>
> **遇龍村抗戰勝利紀念碑**
>
> 　　遇龍橋上立有遇龍村抗戰勝利紀念碑，記述當地群眾在遇龍橋對岸朱家寨（又名天作寨）據守長達 9 個月，與日軍浴血奮戰並取得勝利的英雄偉績。後來在文化大革命時期，該碑被搗毀丟入河中。1987 年，中國大陸政府派人撈得下半殘碑，並設法補齊重新立於橋上原位，供人緬懷。由於該橋交通便利，名聞遐邇，因此每天有不少中外遊客到此遊覽。

❹ 八仙岩

　　八仙岩隱藏在遇龍河畔遇龍村前的山峰中，明代有人題「懷安境」於石壁上。八仙岩上有石洞坦平如室，寬丈餘，層岩重疊如樓。洞內有形如圓月的扁石門；下有 7 個小洞，深不可測，真可謂「洞中有洞，天外有天」。

❺ 仙桂橋

　　仙桂橋位在遇龍河的中下游，建於北宋宣和五年（1123 年），是目前廣西已發現最古老的單拱石橋。橋長 25.8 公尺，寬 4.16 公尺，高 2.2 公尺，淨跨 5.5 公尺，橋拱由九行互不交錯的單項石拱砌成，結構奇異巧妙，橋雖不大，但風景宜人，也是遇龍河的一處勝景。

❻ 舊縣

舊縣村位在遇龍河的下游地區，是唐代武德四年（621年）的歸義縣縣城，距今已經有1400多年的歷史。村內有唐代的城牆、明代的民居及清代的進士莊園。村內古建築形式多樣，時間跨度大，工藝精湛，展現中國不同朝代的建築藝術。

舊縣村的古民居與廣西地區的普通民居相比，雖略顯破舊，但仍見有恢宏的氣勢。青磚灰瓦，院中的古井，處處彰顯著大戶莊園的風格。

舊縣村現存的村落，街道布局合理，民舍住宅多為晚清風格，具有官宦人家的氣勢，氣派大方。普通民居多為黃色夯土牆面，在地面青條石灰白石塊的映襯下，顯得特別幽雅迷人。雖然建村歷史悠久，但大多數街道民舍至今仍保存完好。

攻略

觀古建築：118號豪華老宅院是一處值得觀賞的古建築，這裡所說的「豪華」是舊時的標準，精雕細刻的透風窗、石柱墩、別緻的翹簷，昭示著這戶人家的不凡身分和建築本身極高的藝術價值。

逛後街：在舊縣村有一條清幽雅緻的後街。石塊鋪就的小路，夯土築成的房屋，彷彿理想中遠離塵囂的遺世桃源，遊客可以到後街上觀古建築，體會古樸街道中的寧靜。

專題 遇龍河遊玩方式

遇龍河漂流

遇龍河是陽朔僅次於灘江的第二大河流，全長共 43.5 公里。河中築有多處堤坎，不通航，是陽朔部分重點文物古蹟和主要田園山水風景所在地，適宜徒步旅遊和竹筏休閒漂流。

遇龍河漂流沒有驚險刺激的感覺，適合全家老少同行，只有在過堤壩，竹筏上半部進入水面時會有些動盪，多數時候，可以懶懶地坐在竹筏的竹椅上，享受陽光、周圍的鳥語花香、遠處翠綠的青山和田間春耕的美景。

遇龍河漂流路線：分上下兩段，總共 28 個堤壩，全程 6 小時。

上段：富里橋～金龍橋～棲鳳山～天作寨～遇龍橋～石龍山莊～八仙岩～雙獅角逐～情侶山（川岩）～歸義古城（舊縣）。

下段：仙桂橋～蘑菇山～八戒仰月～烏龜賽跑～竹林幽島～水車山莊～青蛙躍江～五指峰～駱駝過江～月亮山～巨鼠飛天～潘莊（徐悲鴻畫居）～工農橋（劉三姐古榕壯寨）。

逆行漂：即從金龍橋逆流漂到富里橋，這一段絕對是超值精華段，水最清澈時，水下 3～5 公尺的水草等都清晰可見。

收費（人民幣）：遇龍河漂流全程 12 公里，約 280 元／筏（兩人）。遇龍河上段漂流 180 元／筏（兩人），下半段漂流 180 元／筏（兩人）。

吃：遇龍河邊有很多小餐廳，價格便宜，以在地料理為主，還有些賣茶葉蛋、水果的小攤販。

住宿：

1. 微笑的魚遇龍橋分店：遇龍村 50 號（遇龍河上游遇龍橋邊，景色優美。房價 100～150 元／間／晚；電話：0773-8771166）。

2. 遇龍河月色山水：遇龍橋背後村 72-5 號（180 度全江景小別墅，在遇龍河漂流的起點，主人春林在福建學過廚藝，可以為遊客準備驚豔的美食；電話：0773-8773388）。

如何到達遇龍河？

①朝陽碼頭

方法 1：騎自行車前往，可以從陽朔河畔度假酒店旁邊的小路進去，也可以從陽朔加油站經過驥馬騎自行車過去。

方法 2：搭乘摩托車或者包車。

②達金龍橋碼頭

方法 1：

A. 陽朔出發：陽朔汽車客運站大村門北分站乘陽朔→金寶客車到金龍橋下車，地址在陽朔縣大村門縣，政務服務中心旁的水產批發市場處。從陽朔縣城汽車站乘陽朔→金寶客車到金龍橋下車。

B. 桂林出發：從桂林乘桂林至陽朔客車到白沙鎮，改乘客車到金龍橋下車。

方法 2：騎行，陽朔西街口可以租到自行車。遊客可以騎行至金龍橋，這一段可走公路，約 70 分鐘；也可走小路，從朝陽碼頭的方向去，約 120 分鐘。

遇龍河徒步遊

遇龍河流經舊縣村後，河道變寬，水流更趨平緩，沿岸稻黃果香，奇峰連綿，儼然一片世外桃源、夢幻河谷。常有人把灕江山川比作大家閨秀，而把遇龍河谷稱為小家碧玉。遇龍河景區可謂桂林最大自然山水公園，堪稱人類共有世界一流自然遺產，徒步其間可感受沿河古樸自然的田園風光。遇龍河景區全程開放，不收門票。

徒步路線 1：（遇龍河東岸）遇龍村遇龍橋～新寨村～仙桂橋～舊縣村～興隆寨～夏棠寨～朝陽寨～驥馬莊～大榕樹（徒步行程 16 公里）

徒步路線 2：（遇龍河西岸）遇龍村遇龍橋～西牛塘村～川山底村～大石寨村～珠頭山村～棋拉樹村～川岩村～大榕樹（徒步行程 17 公里）

徒步遇龍河行程為 20 公里左右，約需 10 個小時，沿途有美麗的田園風光、眾多古橋和古村，是陽朔經典的徒步路線。但是這條路線較長，有一定難度，建議遊客要先自行衡量體力和腳力。

路線上游從周寨村到遇龍橋遊客較少，有點探險的味道，要多問路。另外，村中少有食品和飲水出售，要攜帶充足的乾糧和飲料。

路線下游從遇龍橋到工農橋，遊客較多，河邊、路上、牆上還有先行者留下的箭頭指示方向，相當方便。另外，這裡的小賣部可以買到食品、水果和飲料等。尤其遇龍橋和舊縣村、附近的河邊有不少賣簡餐的小棚子，邊休息邊吃飯，也是不錯的選擇。

陽朔山水畫廊
一步一景山水炫彩

　　★小蟲拖腿　陽朔是個有山有水的地方，從民宿借來自行車騎過陽朔山水畫廊，美不勝收！山、水、油菜花和彎曲的小路，真是「桂林山水甲天下，陽朔山水甲桂林」。

　　★兜兜　從陽朔出發，經過形象各異的山峰，有孔雀開屏、神童攀岩、金貓出洞、豬八戒晒肚皮、孫悟空過火山等。總之是三分形象，七分想像，所以在遊十里畫廊的時候，一定要充分發揮自己的想像力，才能真正感受到大自然的神奇。

門票和開放時間

　　門票：月亮山（含大榕樹）人民幣 40 元，蝴蝶泉人民幣 60 元，聚龍潭（含奇石宮）人民幣 90 元，圖騰古道人民幣 50 元。

　　開放時間：月亮山 7：00 ～ 18：30，蝴蝶泉 8：00 ～ 18：00，聚龍潭 8：00 ～ 16：30，圖騰古道 8：00 ～ 17：30。

最佳旅遊時間

　　每年的 4 月～ 10 月是十里畫廊的最佳旅遊季節。春季適宜騎車沿路踏青、賞花。夏季可坐竹筏遊覽山色避暑。

進入景區交通

　　位置：桂林市陽朔縣高田鎮。

　　交通：在陽朔縣乘前往月亮山景區的汽車。

　　陽朔山水畫廊在陽朔北面通往銀子岩的路上，北起圖騰古道、南至月亮山，一路上有月亮山、聚龍潭、大榕樹、工農橋（遇龍河全程漂流終點）、蝴蝶泉等諸多景點，這段路上處處山峰林立，玲瓏奇秀，如玉筍拔地，綠蔭婆娑，如詩如畫。人在路上走，如在畫中遊，有說不完的妙處。

❶ 圖騰古道

　　距離蝴蝶泉景區往北 1 公里處便是圖騰景區。圖騰古道景區是反映甑皮岩這個桂林先民居住、生活、宗教、狩獵和墓穴文化的實景展示基地，展出的物品有石器、陶器、自然圖騰柱、古老的弓弩等，充分再現桂林先民居住、生活、宗教、狩獵和甑皮文化的歷史風貌。

解說

甑皮岩人

　　桂林甑皮岩人是原始土人的後代，沒有自己的名字，男的都叫「阿布」、女的都叫「阿力」。甑皮岩人會用手拍打自己的嘴巴，發出哇哇的聲音，以表示友好。皮膚黝黑的甑皮人與灕江為伍，與青山為伴，漁獵或採集，使用古樸的石器、骨器、原始的陶器、蚌器。在節奏明快的「妖鼓」下，穿著色彩斑斕的獸皮，手持鋒利的長矛在山林裡狩獵，燒蛇烤蚌為食。唱著人與自然和諧的灕江漁歌和桂山獵謠的甑皮人，過著原始而自然的生活。

❷ 天籟 ‧ 蝴蝶泉景區

　　天籟 ‧ 蝴蝶泉景區位在陽朔縣城的南部，距離縣城僅 3 公里，是一個集奇山、秀水、田園風光於一體的旅遊景區，由蝶洞、蝶橋、蝶山、梁祝表演、蘭蜂園、蝶緣、蝶廳七大部分組成。其中 3800 平方公尺的「蝶緣」，號稱目前中國大陸境內最大的蝴蝶觀賞園，有上千種、數萬隻蝴蝶與人和諧相處。

　　此外，這裡的民族風情也十分濃厚。在景區裡遊客可與著名的 101 侗寨寨主及苗王的後裔親密接觸，與侗哥苗妹歡聚一堂，還可以親身體會做寨主苗王的滋味，傾聽傳承千年的天籟之音——多情的侗族大歌。

> **攻略**
>
> 　　登蝶山：景區內的蝶山奇峰羅列，怪石嶙峋，可觀賞到奇特的羊角山；此外，山頂還有觀賞陽朔精華田園風光的最佳位置。
>
> 　　篝火晚會：景區內的篝火晚會是桂林唯一的實景大型篝火狂歡夜，在 1500 平方公尺的音樂廣場上舉辦，其原汁、原味、原生態的民族風情，十分吸引人。
>
> 　　攀岩：蝴蝶泉和月亮山一樣，也有多條攀岩路線供攀岩愛好者選擇。

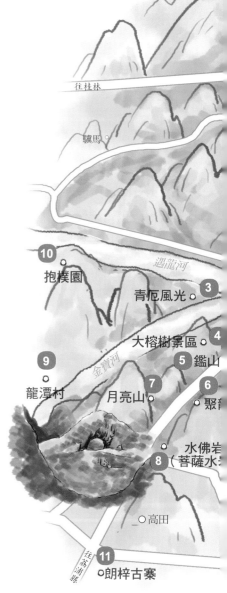

❸ 青厄風光

青厄風光景區位在工農橋西部，田野廣闊，兩河穿流，右為遇龍河，左為金寶河，在兩河匯合處有一渡口，舊稱「青厄渡」。站在橋邊遠眺，山巒重疊，翠竹遮江，牧童戲水，稻田層層，村落隱綽，構成典型的山水田園風光，這裡也成為攝影、繪畫的理想地點。

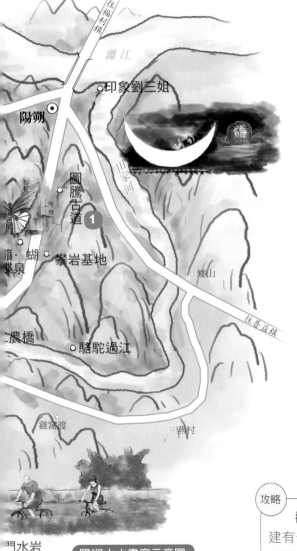

陽朔山水畫廊示意圖

❹ 大榕樹景區

位在鑑山寺附近的大榕樹景區，內有一棵在隋代就種植，距今1400多年的奇特古榕樹而得名。景區以奇特的岩溶喀斯特地貌、如詩如畫般的山水田園風光和豐富的少數民族——壯族民俗文化而聞名天下。

大榕樹景區向人們展現出一幅中國水墨畫長卷：清澈見底的小河、青翠溼潤的山峰、清新爽人的空氣、鳳尾竹、壯家村寨和水車等，這裡曾被世界著名園林專家卡爾稱為：「在中國看到最美麗的地方」。

攻略

觀景樓賞景：大榕樹南行100公尺路旁，建有一園林式涼亭，穿透式樓頂的六角亭名叫觀景樓。站在觀景樓，西北看鳳樓田園，東看大榕樹，北有聚龍潭，南有古榕三高農業示範園，一切美景盡收眼底。

❺ 鑑山寺

　　鑑山寺距陽朔縣城 7 公里，為桂林市歷史悠久的古寺之一，歷經宋元明清等朝代，香火至今仍然非常旺盛。鑑山寺規模非常大，堪稱廣西最大的寺院。如今，鑑山寺已經成為融朝聖觀光、敬香、禮佛等佛教活動為一體的旅遊景點。

　　鑑山寺的建築古樸典雅，雄偉壯觀。寺內建築屬仿唐佛教建築，主要殿堂是典型古寺布置方式定位，中軸設有照壁、山門、天王殿、大雄寶殿、藏經閣；東西向設有觀音殿、文殊殿、普賢殿、地藏殿、鐘鼓樓、畫廊、碑亭；各殿堂是供遊客遊覽、瞭解佛教文化淵源、進行佛事交流活動、進香參拜的場所。

❻ 聚龍潭

　　聚龍潭位在陽朔城南桂荔公路 6 公里處。聚龍潭由黑岩和水岩兩個天然溶洞組成，因岩外奇峰競秀，宛如神龍騰雲，岩內乳石多姿，巧似游龍戲水，故取名「聚龍潭」。聚龍潭是陽朔境內唯一可以同時水陸遊覽的溶洞，在近 1 公里長的遊道中，大部分是步道，有約四分之一的行程可以乘船遊覽，水道旁設有安全防護棧道，船行平穩，老少皆宜。

　　聚龍潭的景物，鬼斧神工，不假人力雕飾。主要景點有老人守寶、蟠桃盛會、貴妃新浴、石林奇觀、龍宮玉柱、海市蜃樓等 40 多處。這些鬼斧神工的自然景色配上優美的音樂和彩色的燈光，讓人彷彿置身仙境中。

攻略

　　觀奇石展：奇石宮是聚龍潭景區重要的景點，奇石館內有 7 個展覽廳，1000多種各類奇石爭奇鬥豔，這些奇石形狀千奇百怪，形神兼備，色彩斑斕，能讓人感受到億萬年滄海桑田的地質變化和大自然的鬼斧神工，同時遊客還可以領略奇石的豐富內容和樸實無華的韻味。

❼ 月亮山

月亮山位在高田鎮鳳樓村村邊，是陽朔的一道奇景，山頭上有一個天然的大石拱，兩面貫通，遠看酷似天上明月高掛，月亮山也因此得名。從不同角度觀看，此洞形狀也不斷變化。

月亮山原生植被完好，自然風景別具特色，崇高的山峰有 80 多座，主峰頂上有典型的「分水嶺」。林中眾多飛瀑高懸，山頂不時可見奇特的「佛光」天象，整個月亮山堪稱「童話世界」，生態祕境。

攻略

開車賞月山：欣賞月亮山最好是乘車或開車，以此方式欣賞月亮山，會發現石拱的形狀會從彎彎的上弦月，逐漸變成半月、圓月，繼而又變成下弦月，十分奇妙。

月宮覽勝：在月亮山山頂有一個溶洞，名叫「月宮洞」，洞內有許多鐘乳石，有的狀如嫦娥，有的狀如玉兔，還有一棵桂花樹，與廣寒宮的神話相吻合，真是天工造化。美國前總統尼克森、吉米 • 卡特等中外名人曾先後登臨「月宮」覽勝。

攀岩：月亮山是陽朔地區最早開發的攀岩路線，只是山頂的攀岩場路線複雜，適合中級攀岩者。

❽ 水佛岩（菩薩水岩）

水佛岩位在月亮山對面的瀝村後面，是一個特殊的岩洞，洞內由於地下河和岩溶地勢，形成一處長 180 公尺、寬 150 公尺的泥塘，深度過膝，水漿膩滑如膠，糊上身體，涼柔溫爽，祛病消疲。到此一遊的美國人稱之為「自然洗禮」，英國人說是鑽進「東方懷抱」，絕大多數遊客遊覽這個幾乎沒有人工痕跡的水洞，都會親自體驗泥巴浴的刺激感受。

❾ 龍潭村

　　龍潭村位在月亮山以西 1 公里，有 500 多年歷史，是陽朔縣古建築保留較好的村落之一。村內現存大群明、清古建築，面積約 1 萬平方公尺。這些古建築青磚、飛簷高臺、露頭樓、炮樓、大殿和迴欄、畫棟、階梯等，都充滿古色古香。

　　龍潭村不僅有厚重的古建築群和豐富的歷史文化，還有秀麗的自然風光，令人神往。村內有「荷塘奇觀」、「弟子山」、「佛留坳」、「犀牛泉」等十多個自然景觀，與村內靜靜流過的金寶河相映成趣。

❿ 抱樸園

　　抱樸園位在羊角山下，由專家教授提供意見所修建，以中國傳統農耕文明和農家田園生活為特色，是具有文化內涵的旅遊景點。在抱樸園，可以體驗耕田耙地、舂米磨麵粉、車水戽水、紡紗織布、蠟染製陶等多種農事活動，親身體驗辛勤的農耕生活。

⓫ 朗梓古寨

　　朗梓古寨距離陽朔縣高田鎮南面 8 公里處，朗梓古寨始建於清末，是陽朔縣保存得完好的古民居群。目前古寨現存 11 座古建築，其中，2 座古炮樓、2 座祠堂，整個建築群結構嚴密、布局精巧，處處雕樑畫棟，十分精美。此外，村內還有一座碉樓，為縣裡僅存的古代軍事建築，登上可俯瞰全村。

　　古寨內古蹟隨處可見，一條小溪順流而下，水深約 1 公尺，清澈見底，水面鴨子嬉戲，河底小魚覓食，與整座古屋構成一幅絕倫絕妙的圖畫。

解說

朗梓古寨歷史

　　據記載，朗梓村始建於順治時期，至今已有 300 多年的歷史。其始祖覃正堯，廣西宜山慶遠人，原是明末農民起義軍領袖李自成部下的一名戰將，駐守北平。因在一次阻擋清兵入關的戰役中大敗，落荒而逃，路經朗梓，見土地肥沃，山清水秀，便擇地久居下來。而後，育有一子兩孫，由於祖祖孫孫居家儉樸，勤奮勞作，到咸豐年間，覃式家族已經人丁興旺，家財富有。於是，請匠購料，擴建居所，所建民居即為現在保存完好的朗梓古屋群。

攻略

娛樂 城市魅力深體驗

攀岩

廣西典型的喀斯特地貌形成姿態各異的峰林、溶洞等，多個孤立的峰林地被攀爬愛好者開發成攀岩場所。

而在廣西眾多攀岩場中，陽朔無疑是發展最好的一處，尤其是山水畫廊一帶，目前已擁有大榕樹、月亮山、金貓洞、拇指峰等 900 多條攀岩路線，已經打好掛片的就有 100 多條路線，包含各種難度級別。

月亮山：陽朔最早的攀岩場所，是陽朔攀岩聖地的一顆「皇冠」上的「明珠」，早已被無數攀岩愛好者所熟悉，成為桂林山水的標誌性一景。加上良好的石質和拱門的特殊難度，更被攀岩界視為不可多得的「聖殿」。

大榕樹：目前這裡已經有 10 條打好膨脹錐的路線，其中，三號線由英國高手 Steve 開闢，是一條高難度的自然岩壁路線。這裡的攀岩路線長度都在 20 公尺左右，而且難度較大，適合技術純熟的攀岩者。

拇指峰：位在金貓洞和大榕樹之間的公路邊，這座山峰在當地還沒有名字，只是因為狀似大拇指而被攀岩者稱為拇指峰。

中指峰：中指峰位在拇指峰對面，路線高度約 90 公尺，為傳統的攀岩路線。

金貓洞：金貓洞緊靠公路，目前有 6 條掛片路線，適合一般水準的攀爬愛好者。

蝴蝶泉：蝴蝶泉岩場位在蝴蝶泉景區內，路線較少，其中兩條路線是為 2001 年，中國攀岩精英挑戰賽而專門開闢。

酒瓶山：因形狀酷似酒瓶的山峰而得名，酒瓶山岩場從右到左有 10 條路線，難度分布很均勻。

騎自行車

騎自行車暢遊山水畫廊是陽朔的一個新旅遊項目。陽朔山水畫廊風景秀麗，如詩如畫。據說，當年美國總統卡特遊覽的時候，為了去看一些特色風景，改變原來乘坐汽車遊覽的計畫，改為騎自行車遊覽。

後來當地有關部門受到啟發，便開闢自行車綠道。當地百姓稱這條綠道為「卡特風景道」。騎著自行車一路暢遊，可以遊覽海豚出水、火焰山、龍角山、青厄風光、古榕等美景，無比愜意。

騎車路線：陽朔車站～圖騰古道～火焰山、八戒晒肚、金貓出洞、馬象奇石～蝴蝶泉觀賞園～龍角山～駱駝過江～古榕美景～月亮山～高田鎮曆村農家樂。

世外桃源
陶淵明筆下的世外仙境

★哈哈笑 世外桃源像一位樸素的村姑，靜靜地佇立在城市邊，不張揚也不造作，一派天然，富於真趣。若是「沾衣欲溼杏花雨，吹面不寒楊柳風」的季節，踏進「世外桃源」，展現在眼前的是一片秀美的山水田園風光。清波蕩漾的燕子湖鑲嵌在大片的綠野平疇中，宛如少女的明眸，脈脈含情。

★沒完沒了 這裡是真正的鄉村，青瓦泥牆，竹籬菜畦，雞犬之聲清晰可聞。不時可見三三兩兩的婦女在河邊洗衣，她們的棒槌在青石板上敲出古老的韻律。擔桶的農人赤腳穿行在田間，頑皮的孩童在屋前的空地嬉鬧。從繁華都市來到眼前的村莊，讓人好像穿越時空回到古代，有疑真似幻、恍然不知何世的感覺。

門票和開放時間

門票：人民幣 70 元。

開放時間：8：30 ～ 17：30。

最佳旅遊時間

四季皆宜，春夏時節最佳，此時的鄉村景色更加迷人。

進入景區交通

位置：桂林市陽朔縣白沙鎮竹橋村。

交通：世外桃源距桂林 44 公里，距陽朔 16 公里，交通十分方便。從桂林火車站搭乘桂林發往陽朔的公車，可直接在世外桃源門口下車，車程約 40 分鐘。

世外桃源景區是根據晉代陶淵明所著的《桃花源記》中描繪的意境，結合當地的田園山水風光而形成的旅遊風景區。世外桃源的田園風光、民俗風情、民寨景觀井然有序，與大自然的秀美山水融為一體，使人在觀賞山光水色、民俗風情的同時，又能領略到多彩多姿的風情。

遊覽世外桃源是採取水陸相結合的方式，整個景區沒有圍牆、籬笆，完全與良田、村舍連在一起，使遊客完全融入自然中，沉醉於桃源仙境。

❶ 淵明山莊

進入景區穿過風雨橋，便到了淵明山莊，淵明山莊是以桂北民居的建築為主，集陶淵明的生平及詩詞介紹為特色的山水莊園。

淵明山莊是一個富有地方特色的園林，亭臺樓閣相連，掩映在綠樹繁花中；流水荷花相映，群魚碧波蕩漾於青橋怪石下。淵明山莊吸取中國園林清新自然、富麗高雅的精髓，融古樸自然的桂北建築風格於一體，加上陶淵明平實自然的田園詩詞點綴於其間，更顯出獨特的魅力。

走進淵明山莊，在五柳堂前聆聽陶淵明先生的自述傳記：來雨軒裡觀望綠樹流水小橋之美；踏上通幽小徑，觀看名篇《歸去來兮辭》，感受陶淵明先生歸隱田園的心志；在酒坊品嚐田園米酒的甘甜等，也許這就是世外桃源般的生活吧！

> **攻略**
>
> 　　**感受中國古文化**：景區內的南山樓是一個可以感受中國古文化的地方，登上南山樓，遊客可以領略中國古文化的精髓，觀賞古代造紙的流程，親身嘗試木雕印刷、石刻拓印的喜悅。
>
> 　　**登高觀景**：觀景樓是景區內最好的觀景點，登上觀景樓，四方美景盡收眼底，遠處小橋、流水、人家，農民於田地中往來耕作，豐收的莊稼遍布在綠野田裡，黃昏炊煙飄起，田園美景更添佳色。
>
> 　　**賞木雕**：喜歡竹刻木雕的朋友一定要到這裡，感受民間竹刻木雕藝術之美。
>
> 　　**製作陶藝**：景區內的雲岫樓是教遊客製作陶藝的地方，在這裡製陶工藝全程映入眼底，遊客可以親自動手製作屬於自己的陶瓷作品。

❷ 民族長廊

桂林是一個少數民族眾多的城市，在桂林很多景區都設有具民族特色的景點。世外桃源也不例外，景區內的民族長廊就是這樣一個景點。民族長廊內有多種民俗活動可以觀看，遊客可以參觀圖騰柱、風雨橋等別具風格的建築，觀賞、購買少數民族婦女的手工織物等。

世外桃源示意圖

回龍橋

壯鄉樓

水鄉侗寨

花樓

聽雨亭

鼓樓

繡球樓

九曲橋

壯鄉天琴

矮山村

5

桃源閣

遊客中心

繡球樓：繡球是壯族吉祥的代表和愛情的象徵。壯族繡球是壯族女孩子親手繡製，由 12 片花瓣形的絹絲組成一個圓球。

專題 民族長廊內的民族風俗

侗族大歌：是一種無伴奏複調式多聲部合唱。音域寬廣，音樂複雜多樣，節奏緩急有序，和音和諧完美，被譽為「清泉般閃光的音樂，掠過古夢邊緣的旋律」。

壯族繡球：是壯族吉祥的代表和愛情的象徵。繡球由壯族女孩子親手繡製，在廣西很多地方都有拋繡球的傳統習俗。

苗族刺繡：苗族刺繡從反面繡正面，一針下去兩面成型，堪稱中華一絕。

瑤族舞蹈：瑤族人生活在山裡，竹木資源豐富，他們就地取材，製作出竹木工藝，也用竹木當作舞蹈工具，編製出各種竹木舞蹈。

革家族蠟染：革家族是一個以蠟染為生的民族。彩色的蠟染是經過多次上蠟、多次浸染而成的，因為上一次蠟只能染一次顏色，工藝複雜。

壯族壯錦製作：是用素色細紗做經線、絲線做緯線編織而成。一般的壯錦圖案都是以幾何圖紋或動物、植物的造型為主題，其中幾何圖紋更是變化無窮、豐富多彩。

❸ 燕子湖

　　燕子湖是世外桃源景區內的親水景點，整個燕子湖的範圍不大，乘坐小船遊覽。當小船在綠絲綢般的湖面上裁波剪浪、悠然滑行時，遊客的心會像一隻「久在樊籠裡，復得返自然」的小鳥一般，愜意又歡欣。天曠雲近，岸闊波平，大自然清新博大的懷抱會使人塵慮盡滌，俗念頓消。

攻略

　　賞民族歌舞：燕子湖邊有歌舞臺，臺上有女孩子身著鮮豔的民族服飾，表演極具民族風情的歌舞。

❹ 原始部落

　　景區內的原始部落擁有眾多「土著先民」，這些土著先民皮膚黝黑，以樹皮羽葉遮身，剽悍健壯，如果發現外來的陌生人，會衝下山坡來，跳起歡樂的民族舞蹈，非常熱情。

❺ 桃源閣餐廳

　　景區內的桃源閣餐廳是一間餐廳，也是景區內的一處風景。桃源閣餐廳四周環境優美，布局古樸，從視窗放眼望去，山清水秀、良田美景映入眼簾，是另一種世外享受。餐廳以桂林鄉土特色菜為主，例如啤酒魚、荔浦芋扣肉、薑蔥灘江蝦、油茶等。

劉三姐水上公園
劉三姐歌聲中的灕江尾曲

★小蜘蛛　每當夜幕降臨，絡繹不絕的人們終於遠離塵囂，置身於這片大自然造化出來，充滿靈性的山水間，這個亙古悠遠的山水劇場間，有許多耳熟能詳、傳唱不息的經典山歌緣水而起，引出富於傳奇色彩的壯族優美傳說──劉三姐。人們在此時已靜下心靈，在感懷中回憶舊時對劉三姐的印象。

★小螞蟻　劉三姐水上樂園是在中國大陸境內很出名的電影《劉三姐》的外景拍攝地，山清水秀，江面寬闊，群峰倒影，村莊田園，翠竹掩映，宛如一幅幅奇妙山水畫卷。在此不僅可觀賞秀美的自然山水，還能體驗濃郁的本土文化：劉三姐對歌、捕魚表演、儺舞表演和壯鄉婚俗。

門票和開放時間

門票：人民幣 130 元，遊船票人民幣 160 元，《印象劉三姐》普通票人民幣 198 元。

開放時間：《印象劉三姐》20：00 開始，其他景點全天開放。

最佳旅遊時間

四季皆宜，每年 4 月～ 10 月最佳，這時候灕江水源充沛。

進入景區交通

位置：桂林市陽朔縣。

交通：在陽朔外事碼頭上船，發船時間是每天早上 9：30，大約下午 13：00 左右到陽朔（此遊覽灕江是往返時間）。到了旅遊旺季，另有一班遊船是每天下午 3：00 發船。

提示：此遊船遊覽是陽朔縣城至普益鄉留公村一段，18 公里長的灕江下游水域，需要 3 個小時，中途不能下船，也不停船。遊客也可以選擇自行車或徒步遊覽精華段。

劉三姐水上公園是指陽朔縣城到普益鄉，灘江段的山水風光，素有「鑽石水道」之譽。此景區屬於灘江下游，全長 20 公里，游程往返 40 公里，灘江兩岸 40 平方公里都屬於水上公園範圍。這段游程實際上是桂林到陽朔灘江風景線的延伸，也正因為有這一段的存在，才給人們留下「百里灘江、百里畫廊」的完整印象，讓人們能聽到灘江交響樂最動人的瑰麗尾曲。

水上公園兩岸，擁有眾多旅遊景點，例如書童山、卓筆峰、雪嶺雙獅等。除了山水景觀以外，最顯著的特點是因為電影《劉三姐》的大部分場景在陽朔至福利一帶拍攝，各處都留下劉三姐的身影、足跡，令人心馳神往。

❶ 劉三姐歌圩

劉三姐歌圩位在灘江與田家河交匯處，與聞名遐邇的書童山隔水相望。劉三姐歌圩與環境完全相融，整個歌圩幾乎全部被綠色覆蓋，裡面種植有茶樹、鳳尾竹等。其中，燈光、音響系統均採用隱蔽式設計，與環境融為一體，水上舞臺全部採用竹排搭建，不

演出時可以全部拆散、隱蔽，對灘江水體及河床不會造成影響。

觀眾席依地勢而建，梯田造型，與環境協調。此外，鼓樓、風雨橋以及貴賓觀眾席等建築，都散發著濃郁的民族特色。據建設單位介紹，整個工程不用一顆鐵釘，令人歎為觀止。

> 連結
>
> #### 《印象 · 劉三姐》
>
> 《印象 · 劉三姐》集灘江山水、廣西少數民族文化及中國精英藝術家創作大成，是中國大陸第一部全新概念的「山水實景演出」。《印象 · 劉三姐》為大型實景演出，以灘江山水的自然造化為實景舞臺，以 12 座山峰和廣袤無際的天穹為背景，演出內容以在紅色、白色、銀色、黃色四個「主題色彩的系列」裡，將劉三姐的經典山歌、民族風情、灘江漁火等元素創新組合，不著痕跡的融入山水，還原於自然，成功詮釋人與自然的和諧關係，創造出天人合一的境界，被稱為「與上帝合作的傑作」。
>
> 《印象 · 劉三姐》利用中國大陸目前最大規模的環境藝術燈光工程，加上獨特的煙霧效果工程，創造出如詩如夢的視覺效果。自古以來就美的桂林山水，頭一回讓人領略到華燈之下的優美、柔和、嬌美、豔美和神祕的美。《印象 · 劉三姐》是真正豪華的燈會，構建一個空前壯觀的舞臺燈光藝術聖堂，從一個新的角度昇華桂林山水。

東嶺朝霞：清晨臨江望東嶺，山勢嵯峨，疏密有致，蒼松翠柏，當一輪紅日從山嶺後冉冉升起，天幕徐徐啟開，朝霞絢爛，山水同輝，猶如登泰山而觀日出，舊稱陽朔八景之首。

❷ 書童山

在灘江山水劇場的對面是書童山，書童山石壁如削，山頂綠樹成蔭。因在山腰有一塊直立的巨石從主體分離出來，從遠處看去，很像古代寬衣大袖的書童在捧書而讀，因此而得名。

由此處還可以看到附近的山峰也各有姿態，書童山東是卓筆峰，形如文筆倒插，有「卓筆文峰」之稱。山南是雞公山，酷似雄雞報曉，有「書童聞雞鳴而讀」之讚。書童山與卓筆峰、雞公山、靈人山以及山後的群峰一齊倒影江中，構成「群峰倒影山浮水」的水晶世界，令人著迷。

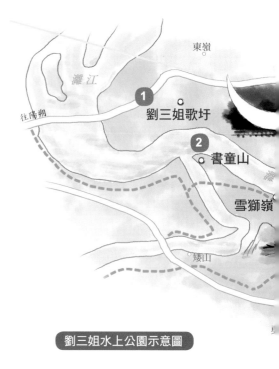

劉三姐水上公園示意圖

❸ 福利古鎮

福利古鎮位在陽朔縣東北部，距離陽朔縣城 8 公里。福利古鎮距今已經有一千多年歷史，山水奇麗，文化獨特。該鎮三面環山，一面臨水，素有「三山環古鎮，一水抱綠洲」雅譽。這裡有電影《劉三姐》的部分外景拍攝地。福利鎮不僅是風光秀麗的旅遊名鎮，而且是中國大陸境內有名的國畫鎮，被稱為「中國畫扇之鄉」。

因為福利鎮幾乎有一半人口是外來遷徙人口，所以保存多樣的文化。至今，福利鎮還保留有原始部落文化——古儺文化，儺樂、儺舞保存完好，很有歷史研究價值和藝術鑑賞價值。此外，廣東、福建人逃難到此，把神祇也帶來了，成為全中國大陸境內唯一一個有媽祖文化的地方。

攻略

購物：福利有條老街也被稱為畫扇街，街上有很多畫扇售賣，有興趣的遊客可以買一把扇子留念。

圩市：每到福利圩市，趕集的人潮擁擠，十分熱鬧繁華。

美食：在福利農貿市場的大排檔有狗肉煲，是出名的美食。

徒步和騎自行車：從陽朔徒步或騎行到福利也是非常好的選擇。徒步大約需要 2 小時，騎自行車 1 小時就足夠。

鼇魚洲：解元峰下游有一處沙洲，像金鼇似奮力拼搏，逆流而上，形象逼真。古代狀元及第叫作「獨占鼇頭」，曹鄴未第之前，曾在此作詩一首，借物抒情：「江域隔水是東洲，渾似金鼇水上浮；萬頃頹波分瀉去，一洲千古砥中流。」

解元峰：龍頭山旁有一座山峰，因晚唐著名詩人曹鄴得名。曹鄴是陽朔人，家住此山下，少年貧寒，應考 10 年，9 次落第。歷劫而不磨，終中進士，為桂林開科第一人。曹鄴以其鍥而不捨精神，印證「書山有路勤為徑，學海無涯苦作舟」的道理。陽朔人為紀念這位蜚聲詩壇的才子，把這座山命名為「解元峰」。

攻略

廟會：每年農曆五月初八，鎮上就會舉行盛大的廟會，四面八方的人趕來朝拜媽祖，這個時候的福利古鎮會熱鬧非凡。

連結

福利村名稱的由來

福利鎮是當年徐霞客到陽朔考察時，最遠的一站，當時叫「伏荔村」，村前有一條「玲溪」（今崩溝）注入灘江，兩岸生長著許多荔枝樹，因而得名。直到 1926 年，當地人為求吉祥，取「福國利民」之意，加上「福利」與「伏荔」諧音，遂改作「福利」。徐霞客僅用「山開目曠，奇致愈出」8 個字就概括福利景區的特點。

❹ 留公村

留公村位在灘江下游岸邊，屬陽朔的普益鄉。相比福利古鎮，留公村顯得更加古樸，這裡曾經是灘江的重要碼頭，因而在水運發達的過去留公村曾是商賈雲集的熱鬧之地。如今碼頭渡頭還在，只是熱鬧不在，多的是一分屬於古村的寧靜。

村子裡的房屋挑簷出閣，雕樑畫棟，極富明清遺風。最能展現明清建築特色的便是村內的得月樓，爬上樓上的四角小亭還可以看到秀美的灘江風光。

PART 4
桂林北部

龍脊梯田景區
梯田世界之冠

★地圖另一角　龍脊梯田有「世界梯田之冠」的美稱，從觀景臺望去，規模磅礴壯觀，氣勢恢宏，十分震撼。據說，春夏秋冬，不一樣的季節有不一樣的風光。

★海洋之心　在中國大陸，能與波瀾壯闊的雲南元陽梯田不分伯仲的梯田群，恐怕就屬廣西的龍脊梯田了。這規模壯觀的龍脊梯田正如它的名字一樣，遠觀山勢之行雲流水，好像一條條臥龍的脊背。山坡高聳，一層層的田地彷彿是直達天際的階梯。

門票和開放時間

門票：人民幣 100 元，包括平安寨、大寨金坑。**開放時間**：全天開放。

最佳旅遊時間

龍脊梯田每年只種一季稻子，最好的遊覽和攝影季節在農曆四月十五以後，梯田開始放水的半個月。中秋節前後到龍脊則一片金黃，也是遊玩的好時機。

進入景區交通

位置：桂林市龍勝各族自治縣。

交通：在桂林琴潭客運汽車站，乘坐桂林～龍勝縣城的快巴或慢巴；抵達龍勝縣城後，轉龍勝～金坑大寨或平安壯寨的班車，抵達和平鄉景區入口。

　　龍脊是一個廣泛的地理名詞，其有「龍脊十三寨」之說，據說是因為居住在這一帶的居民，生活在神龍的脊背上而得名。其景區範圍主要包括金竹、黃洛、龍脊、平安以及金坑區域的大寨（五個寨子）、小寨、新寨、下布等民族村寨所居住的區域。

　　龍脊山區梯田始建於元朝，完工於清初，距今已有 650 多年歷史，當年初壯、瑤族先民為求生存，而在群山上用血汗和生命開出來的梯田，現在已成為遠近聞名的旅遊景點，可說是無心插柳柳成蔭。

　　景區以龍脊梯田風光最為著名，景區內的梯田景觀線條行雲流水，瀟灑柔暢；規模磅礡壯觀，氣勢恢宏，有「梯田世界之冠」的美譽。目前龍脊梯田已經形成一個以梯田稻作農耕文化為主體，集自然景觀與少數民族人文景觀相結合的風景名勝區。

❶ 金竹壯寨

　　金竹壯寨是龍脊十三寨之首，1992 年被聯合國教科文組織譽為壯寨楷模。傳說在壯族先民定居以前，這裡是一片金色的竹林，乃是石龍之身，後壯族世代定居在此風水寶地後，取名「金竹」壯寨。

　　此寨建於清末，世為壯族聚居處，長期封閉，是典型的壯寨。村寨為原汁原味

> **攻略**
> 　　金竹壯寨的旅遊接待設施和服務完備，吃、娛、遊、購都沒問題。來到金竹壯寨，遊客能夠瞭解到壯族的民間英雄——莫一大王，聽到優美的壯族山歌，欣賞傳統古樸，充分反映壯族先民生活原始情景的師公舞和竹竿舞、竹梆舞、扁擔舞、繡繡球等。

的古杆欄建築。雖經多年滄桑，「麻欄」木樓依然錯落挺立。村中鳥語花香，四周為梯田和生態林，環境幽雅，有石板臺階路可通達村寨的裡外。

❷ 龍脊古壯寨

龍脊古壯寨是一個歷史悠久的壯族聚居區。龍脊古壯寨自然風光優美，因海拔 600 多公尺，寨樓終日被水光映照，雲影拂弄，猶如天宮仙境，與千畝梯田合為奇景。除了優美的自然風光，龍脊古壯寨還有深厚的歷史文化氣息，這裡的建築古樸，有幾處甚至有上百年的歷史，保存得相當完好。

在龍脊古壯寨，不僅能觀賞到最為原始的壯寨建築格調，而且可以步行石板路觀賞到古壯寨內的三魚共首石橋、龍泉亭、康熙兵營舊址、清乾隆潘天紅廉政碑、太平清缸、石碾以及古石寨門等古樸的名勝古蹟和純樸的民風民俗。

❸ 平安壯族梯田

平安壯族梯田位在龍脊的平安村，梯田如鏈似帶，從山腳一直盤繞到山頂，小山如螺，大山似塔。這裡有九龍五虎和七星伴月兩個景點。「九龍五虎觀景點」中的「九龍」是指順著梯田的走向，可以看到九條山嶺的脊樑，好像九條長龍從天空俯下身到金江河飲水。

「七星伴月觀景點」，「七星」指當初開田時，留下來的七個小山包，好像七顆閃爍的星星，陪伴著山頂那塊銀光閃亮的水田，遠遠望去像七顆星星陪伴著一輪明月，組成一幅美麗的畫卷。因為「九龍五虎」和「七星伴月」的存在，使得平安梯田景中有景，增添許多情趣和意味。

❹ 黃洛瑤寨

黃洛瑤寨內居住著紅瑤族，是世界上獨一無二的長髮村，在 2001 年獲「吉尼斯集體長髮之最」。自古以來，紅瑤婦女就有蓄長髮的傳統習慣。黃洛瑤寨全村頭髮長達 1 公尺以上的婦女有 60 多名，最長的約 1.7 公尺。

這裡村民人人能歌善舞，熱情好客。每當遊客來到黃洛瑤寨，就有身著濃豔民族服裝的瑤族女孩子唱著甜美的山歌列隊歡迎，獻上特有的舞蹈和傳統體育競技項目。

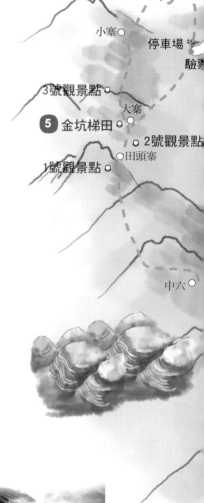

龍脊梯田示意圖

下布瑤寨 7

大虎山

龍脊茶廠

飛龍峽谷 8

雙河口

瀑布

停車場

銀水侗寨

龍五虎

驗票處

黃洛瑤寨 4

平安壯族梯田

七星伴月

金江村

龍脊古壯寨 2

金竹壯寨 1

龍脊景區售票處

停車場

在桂林市區

和平

往龍勝

節慶：每年的農曆四月初八舉行的「紅衣節」是龍勝紅瑤同胞最盛大、最隆重的節日，到目前為止已舉辦七屆。「紅衣節」的內容有女子搶花炮，瑤、苗、侗、壯等少數民族歌舞表演和瑤族婦女長髮比賽等。

購物：村寨有一個工藝品長廊和一家商店，售賣的旅遊商品有瑤王印、老虎爪等瑤族圖騰的錢包、掛袋、書包、帽子、草鞋、香包、繡花鞋以及瑤族服飾。

龍脊茶廠：龍脊茶歷史悠久，乾隆年間曾為貢品，石碑記載於龍脊村段寨，品質優良，是中國二十八大名茶之一，記載於《中國茶學辭典》。

連結

黃洛瑤寨的長髮祕訣

在紅瑤族內，婦女的頭髮在 18 歲前不剪，18 歲時剪一次表示成年。18 歲以後留長髮，直到去世。那麼黃洛瑤族的婦女是怎麼養護自己的長髮呢？原來，紅瑤村的每家每戶火塘旁都會有一個陶罐，裡面裝著貯存起來的洗米水。經過火塘的烘烤加熱發酵後，洗米水就成為紅瑤婦女獨特的護髮祕方。

她們每隔幾天梳洗一番，每次梳洗首先讓長髮在祕製的「洗米水」中充分吸收營養能量，再用山泉水洗淨後，梳理晾乾，這就是紅瑤長髮村保養長髮的祕密。未婚女子的頭髮盤於頭頂並用黑布包裹，只有家人才能看見其一頭長髮，如果外人想看一下她們的頭髮，就要把她娶回家。

PART 4

❺ 金坑梯田

金坑梯田是龍脊梯田的重要組成部分，最高處為
1180 公尺。金坑梯田的核心地帶處在大寨，包括小
寨、牆背以及連綿不斷的盆地狀梯田景觀。此處的梯
田景觀總體上很開闊、壯觀，層次感、曲線美感都很明顯，且景觀變化大。

登上金坑梯田的頂端，便可一覽金坑紅瑤梯田的全景，層層疊疊，氣勢磅礡；在秋
季，和風吹過，黃澄澄的稻穀隨風搖擺，盡顯柔美之情。金坑紅瑤梯田共有 3 個觀景點，
分別是西山韶樂、千層天梯和金佛頂，在這 3 處都可觀賞金坑紅瑤梯田最美的景色。

> **攻略**
>
> **千層天梯觀景點**：觀景臺上可以看到層層的梯田，似千層樓梯一樣直砌雲端。
> 站在觀景臺上放眼望去，只感覺到腳下層層疊疊的梯田如潮水般漲起，以排山倒海
> 之勢奔湧而來，組成一個縱橫開闊、酣暢淋漓的梯田群體，形成一個張揚著力與美
> 的梯田世界，呈現出一種粗獷的美，令人震撼。

❻ 銀水侗寨

銀水侗寨是龍脊一帶的侗族村寨，因所處地貌為溝谷，遠望酷似銀鏈所以得名。寨
中自然生態保存完好，樹木鬱鬱蔥蔥，景色十分迷人。銀水侗寨除了優美的自然風光，
寨內的民族風俗保存得非常完整，在這裡可聽侗族大歌、看蘆笙舞蹈、吃侗家酸食。

> **攻略**
>
> 寨中的風雨橋堪稱一絕，不用一釘一鉚的風雨橋，全木質結構，為侗家的
> 標誌性建築物。寨子頂端有庵堂，香火不斷，遠近聞名。

❼ 下布瑤寨

　　下布瑤寨是一個風景幽雅的瑤寨。整個村寨位在一個「U」型山谷兩旁。村前是壯觀的下布梯田，村後山上是茂密的森林和碧綠的茶林。寨內建築多為新建，但傳統風格保持較為完整，建房主要以杉木為主，依山傍溪。

　　下布瑤寨除了壯闊的梯田風光，還有迷人的茶園景色。在下布的千畝茶園中，茶樹布局主要依山就勢，茶樹普遍高大，不同於北方茶園給人一種低矮流線型的風景。由於海拔高，春季茶園所呈現的風光大有「人間四月芳菲盡，下布茶花始盛開」的味道。

❽ 飛龍峽谷

　　距離下布瑤寨約 1 公里的地方有一個自然奇觀──飛龍峽谷。飛龍峽谷兩岸樹木茂密，山溪流水潺潺，流泉飛瀑，景色迷人。峽谷總長約 2 公里，呈「V」型而有條理地發育，山花吐芳，抬頭仰視只見雲霧在山頭盤旋、飄蕩，水聲、鳥聲、蟲聲構成一曲美妙動人的旋律。

　　在這生態環境優美、峽谷曲折幽深的佳境內，孕育眾多瀑布、激流等奇特的動態水景。沿著石板小路，有時是懸崖側壁，有時是小橋流水。

> **攻略**
>
> 　　遊客可體驗矮樹的翠綠、密林的神祕，還可欣賞山花的爛漫、河曲溪泉的清新與瀑布跌水的多彩多姿。水景中最引人注目的可說是大小不一，而且神態各異的瀑布景觀。

> **連結**
>
> **飛龍大瀑布**
>
> 　　飛龍峽谷內分布著眾多瀑布，構成規模巨大的瀑布群，景色秀麗，氣勢壯觀。瀑布群中最吸引人的便是飛龍大瀑布。飛龍大瀑布是進入下布飛龍峽谷，最高點大瀑布，分為三級，「之」字型次第展開。大瀑布上游水大勢急，左轉右彎，所形成的水柱滑壁而下，直瀉入潭，水聲震耳。
>
> 　　大瀑布情趣幽美，瀑布兩旁為陡崖，樹木蓊鬱茂盛，青苔覆蓋裸露的崖壁。瀑布如同白練在青綠的綠毯上滑落，而凸崖濺水側又如條條銀絲，在山林透光的映射下，熠熠生輝，蔚為壯觀。

攻略

住宿 背包客推薦的住宿地

　　來到龍脊旅遊，大多數遊客會住在田頭寨，旅館多，距離景點近。田頭寨的旅館多是木樓設有觀景臺。當然也可以選擇距景點較遠的大寨住宿，價格比田頭寨便宜很多。

　　全景樓大酒店：位在金坑紅瑤梯田觀景區最高峰上，居高臨下，從客房內推開窗戶便可以看見梯田的景觀，是景區內最頂級的酒店，也是觀景的好住處。酒店提供雙人、4人、6人和家庭套房等多種房型，又可分為有對外窗的觀景房和無對外窗的非觀景房，遊客可視需求來選擇。酒店有中餐廳，供應美味的瑤家料理和中式菜餚。另外，酒店還配有發往金坑梯田大寨瑤族觀景區的專車，方便遊客出行。

　　位置：桂林市龍勝縣和平鄉大寨村。**電話**：0773-7585688。

　　金坑大寨旅館：獨具民族風情的吊腳樓，有3個樓層，全杉木結構，環境優美，空氣清新，房間舒適衛生，設施齊全。老闆和老闆娘熱情直爽，並且廚藝相當不錯，會製作各種不同口味的在地料理，不僅住得安心，而且吃得開心。

　　位置：桂林市龍勝縣和平鄉大寨村田頭寨，金坑梯田西山韶樂觀景點東南側（龍脊B區1號觀景點）。**電話**：0773-7585658。

　　龍脊連心閣青年旅社：部落式群居原住居民，擁有具有濃郁民族特色的麻欄式吊腳樓建築群。

　　位置：桂林市龍勝勝平安龍脊梯田。**電話**：0773-7583459。

　　桂林龍勝三棵樹客棧：客棧位置極好，從房間推開窗戶就能看到梯田風景。建築為乾淨明亮的吊腳木樓，可提供乾爽、舒適的居住品質。主人是龍脊大寨梯田的紅瑤人，親切熱情，並能提供導覽諮詢服務。女主人的廚藝一流，強調採用自家耕種的蔬菜，新鮮現做，特別是竹筒雞和竹筒飯的滋味更是一級棒，非常值得品嚐。

　　位置：桂林市龍勝縣和平鄉大寨村田頭寨。**電話**：18707833111。

　　龍脊阿蒙家：是當地人自己開的吊腳樓，有單人間、雙人間、三人間等多種房型。店家很淳樸，距景點較近，山腳下就是觀景點「七星伴月」。

　　位置：龍平安梯田景區內半山腰處。**電話**：0773-7583031。

美食 老饕一族新發現

　　龍脊的美食多以在地料理為主，選用天然食材，例如龍脊土雞、竹筒飯都非常美味。

　　龍脊土雞：到龍脊一定要吃龍脊土雞，用山泉水做出來的土雞，在城市裡是無緣享用到的，一隻土雞價格在人民幣80元左右。還有竹鼠、山雞、山龜、野蜂蜜等，好奇心重或膽子夠大的遊客，不妨品嚐各種獨特的「大餐」。

　　竹筒飯：是廣西少數民族常見的特色食品之一。嶺南一帶盛產竹子，氣候和環境十分適宜竹子生長，把竹子當成加工食品的一種工具真是非常有特色，竹子有清香味，而竹筒飯是把白米和水放到竹子的節中，密封後烤熟，更能保持竹子的香味。

購物 又玩又買嗨翻天

　　龍脊景區的田頭寨有瑤族的手工刺繡（頭巾、手機套、背包、掛飾等）、蠟染（頭套、披肩、臺布等）和銀器（主要是首飾）等特色商品，幾乎家家都有賣，做工不錯。這裡價格相比其他景點還便宜，不過記得要討價還價。

　　除了手工藝品，龍脊四寶——龍脊茶葉、龍脊辣椒、龍脊水酒、龍脊香糯等，也是龍脊景區非常有名的特產。

　　龍脊茶葉：龍脊群眾栽種的高級雲霧茶，因品質一流，乾隆年間曾被指定為貢品。據《中國茶學辭典》記載，龍脊雲霧茶為中國二十八大名茶之一。

　　龍脊辣椒：這裡的辣椒產自龍脊景區海拔600公尺以上的雲霧山中，呈牛角形，辣味十足，其香味更是獨特誘人，含有多種人體所需維生素，驅寒除溼，是獨特的作料。

　　龍脊水酒：龍脊水酒是壯民用自種的糯米、山泉水，搭配山上草藥製成的酒麴，釀造出道地土酒，用以禦寒祛溼，潤脾生津，特稱為「龍脊水酒」。每年「重陽節」前後釀制的陳年酒，是龍脊水酒的珍品。

　　龍脊香糯：這裡的糯飯油光閃亮，香甜可口，擠能成團，放能膨鬆，軟滑而帶黏，有「一田種糯遍峒香，一家蒸糯全村香」之說，同時龍脊香糯也是龍脊水酒釀造的主要原料。

攝影 捕風捉影拍好片

　　龍脊梯田共分為平安北壯梯田和金坑紅瑤梯田兩個景區，其優美壯闊的景色在近幾年，受到眾多畫家和攝影愛好者的青睞。

拍攝時節

1. 每年 4 月 15 日至 6 月初梯田放水時，梯田有水反光，線條也出來了，而且雨天多有雲霧，6 月初是插秧時節，農田有人從事農活，不用刻意就能拍出人與自然景觀和協的好照片。

2. 夏季 7、8 月初，秧苗並未長得太高，形成一層層綠波，而梯田線條尚能顯現出來，這時拍攝出來的照片也別有一番情趣。

3. 中秋時節，梯田稻穀熟了，一層層一片片金黃，十分美麗。

4. 冬季下雪天，別有韻味，但龍脊梯田下雪的時候不多。

5. 把握好梯田舉辦民俗表演活動的時候，通常能將平淡的梯田拍出生氣來。一般來說，端午節期間金坑梯田會舉辦梯田火把節。

拍攝地點和最佳拍攝時間

　　一號觀景點：「西山韶樂」，海拔 1100 公尺，是最佳攝影地點。有關龍勝梯田的宣傳品中，90％ 的圖片都是在這個景點拍攝，景點門票和景區介紹 DM 上的圖片，也是在此取景，很多得獎的作品也是以此處為取景地。**拍攝時間**：早晚皆宜，因太陽從其左前方東方升起，右後方落下。

　　二號景點：「千層天梯」，海拔約 900 公尺，靠近當地村民集中居住地──田頭寨。宣傳品中有少量以此景點為背景的圖片，雖拍出來的圖片不如一號景點壯觀，但是取景角度比三號景點佳，更能拍出好照片。因為大多數人會選擇住在田頭寨，相對來說，在二號景點拍攝的人較少，比較不那麼壅擠。**拍攝時間**：早晚皆可拍。

　　三號景點：「金佛頂」景點，上金佛頂拍攝的人極少，交通方便，時間充裕也可前往拍照。**拍攝時間**：三號景點背對東方，適合拍傍晚，早晨拍日出較不宜。

　　「七星伴月」景點：海拔 800 多公尺，但緊鄰平安寨，交通方便，從山下停車場上來不算太遠，是遊客必到的留影之處，拍攝也不錯。**拍攝時間**：七星伴月適合在清晨時拍日出。

　　「九龍五虎」景點：海拔 900 多公尺，天氣好時能拍出好照片。**拍攝時間**：九龍五虎適合拍日落，或是早上拍完七星伴月後可順著半山腰，轉往九龍五虎景點，常會有意想不到的收穫。如果是有雲霧的天氣，更要兩邊兼顧，有雲霧的早晨，在九龍五虎也能拍到好片子。

龍勝溫泉旅遊區
華南第一泉

★不倒小翁　在這裡可以享受世界上最美妙的礦泉溫泉沐浴，同時能享受到難得的森林浴。一切都沐浴在四季不變的綠韻中，清純如釀的空氣，會讓你沉醉。這裡的鑫字山、雲飛洞等景觀，任遊客踏青、探幽；鐵索橋對面的樹木裡，有錦雞在亮翅，有猴子在攀爬，有黑熊在踱步，銀灘接綠潭的河裡，有珍貴的娃娃魚在嬉游。

★花開的季節　龍勝溫泉是一臺巨大的「冷氣機」，寒風瑟瑟，冷雨瀟瀟時節，這裡溫暖如春；外面薰風襲人，燥熱難當，幽谷裡又是出奇的涼爽宜人，晚上入睡還須蓋上被子，並且沒有蚊蚋侵擾，那分安逸、寧靜，那分詩意和魅力，會讓人去了還想再去。

門票和開放時間

門票：龍勝溫泉人民幣 128 元，大唐景苑人民幣 80 元。

開放時間：8：00 ～ 23：00。

進入景區交通

位置：桂林市龍勝各族自治縣東北方向 33 公里處。

交通：在桂林汽車總站乘坐龍勝專車，全程 78 公里，車程時間為 1 小時 50 分鐘。然後再轉乘龍勝汽車站到龍勝溫泉班車，全程 28 公里，行程約 40 分鐘。

發車時間：每天 7：00 ～ 18：00，平均 20 分鐘一班。

龍勝溫泉旅遊區主要是指以龍勝溫泉為中心，在 50 公里的半徑範圍內，眾多高品質旅遊點集中成群而形成的綜合旅遊度假區。主要包括龍勝溫泉景區、龍勝溫泉森林公園、岩門峽漂流、天鷹橋觀猴、大唐景苑以及眾多民族民俗村等。

❶ 紅軍岩

紅軍岩又稱「龍舌岩」或「光明岩」，是進入龍勝溫泉景區的第一景。這塊奇特的岩石「橫空出世」，像巨人的長臂從山中升出數公尺，人們比喻它為「遨遊的巨鯊」、「飛翔的機翅」、「橫刺的巨劍」，遊客紛紛驚歎大自然的神工和偉大。

❷ 三門紅瑤寨

紅軍岩往南走 100 公尺就到三門瑤寨，三門瑤寨是瑤族中的一支——紅瑤集聚的民族村寨，因全村只有余、韋、潘三姓，故稱為「三門寨」。該村寨從生產到生活各方面，大都保留著紅瑤的歷史文化傳統，被授予「生態博物館」的美譽。

這裡環境古樸，潔淨優美，而好客的居民淳樸、熱情。這裡的居民住的是瑤族傳統的半邊吊腳樓，穿的是以紅色為主色的紅瑤傳統民族服裝，其服裝上花紋很多，但每一件衣服的後背都有瑤王印和老虎爪。

龍勝溫泉旅遊區示意圖

往龍勝
① 紅軍岩
大唐灣
龍勝溫泉森林公園
④
森林公園入口
天柑
森林公園
溫泉景區大門
往江底
三門紅瑤寨
②
岩門峽漂流
⑤
龍福山莊
翡翠溪
中心酒店

攻略

在這裡，能聽到紅瑤族古老而神祕的傳說，看到神祕的紅瑤柱，這是瑤民的圖騰崇拜物。同時能品嚐到紅瑤的珍珠油茶，參加紅瑤山歌對唱，觀賞到紅瑤歌舞和紅瑤繡品，以及驚心動魄的「上刀山下火海」等節目。

❸ 大唐景苑

　　龍勝自古有「桂林北望八萬尺，古貌風情驚世奇」的說法，是桂林的香格里拉，各處都沉澱著深厚而又神奇的民族文化。大唐景苑是龍勝民族民俗文化發展中心，不僅具有原始氣息的生態，而且彙集龍勝各族自治縣各少數民族的民俗風情。

　　遊客在這裡可以感受民俗的情調，觀民俗文化的縮影，享受春、夏、秋、冬轉換時的草木芬芳。這裡的民俗風物以及飲食文化，是龍勝少數民族的一個縮影，步入其內，當地獨有的篝火晚會，以及濃郁的民俗旅遊活動，便會展現在遊客眼前。

攻略

　　民俗風物展示：集中各個少數民族最為原始，甚至有的已瀕臨消亡的生活方式和農副產品，例如原始的土法造紙、榨油、釀酒、捕獵，農作物有黃粟、銅禾、辣椒、香菇。使遊客在這裡大開眼界，獲得得到啟發。

　　民族飲食文化中心：這裡也是「桂林世界美食博覽園桂北民族飲食文化研究基地」。中心的長廊長龍宴非常有特色，以其氣氛熱烈、菜餚風味獨特，吸引眾多遊客參加。

　　民俗風情演繹：集中展示龍勝侗、苗、瑤、壯等少數民族原汁原味的習俗民風和民間文化藝術。主要節目有侗族蘆笙踩塘、侗族大歌、瑤族打糍粑、苗族簑衣傳情、壯族「師公舞」等。

❹ 龍勝溫泉森林公園

素有小黃山之稱的龍勝溫泉國家級森林公園，位在著名的龍勝溫泉旅遊區內，青山幽幽，白雲繚繞，溪流潺潺，有「天然氧吧」之稱。公園內峰巒疊嶂，怪石嶙峋，林木蓊鬱，穀幽澗深等，除了茂密的原始森林公園，還有騰空飛架的鐵索橋、珍稀植物園和娃娃魚大世界，都是森林探險和動植物觀賞的好去處。

攻略

　　走索橋：公園內的岩門索橋高 118 公尺、長 120 公尺，凌越在岩門峽上空，號稱亞洲第一高的吊橋，走在上面驚心動魄，膽子大的朋友不妨一試。

　　螃蟹農家樂：在森林公園內的螃蟹溝可以釣螃蟹、抓螃蟹，在螃蟹溝農家樂裡還可以吃到烤番薯、烤野味、油炸螃蟹、農家燻肉等。

❺ 岩門峽漂流

岩門峽漂流河段由溫泉河口至白麵瑤寨之間，全程 7 公里，灘多灣急、落差有致，總落差 78 公尺，共有 4 大險灘 18 急灘。峽谷兩岸群峰嵯峨，懸崖峭壁夾峙，河床幽深狹窄，是乘橡皮舟漂流的理想河段。

攻略

　　漂流時間在一個小時左右，途經龍勝溫泉國家森林公園，遊客可欣賞百尺天橋、懸壁棧道、群猴爭寵等夾岸原始森林的風光，還可上岸小憩，領略大唐灣民俗風情，下河體驗游泳摸魚的樂趣。漂流全程有驚無險，樂趣無窮。

❻ 溫泉區

　　龍勝溫泉的最大特色在於優美的環境和優良的水質。溫泉區內峰巒疊翠、林木蓊鬱，縹緲的霧氣把這裡狹長的綠色空間幻化成雲蒸霞蔚的仙山聖境。景區內鮮活閃亮的熱泉來自 1200 公尺深處的岩層，共有大小 16 眼泉口，從古藤垂掛、老樹盤曲的山腰上噴湧而出，一塵不染，勝似瓊漿玉液。

攻略

　　藥浴池：屬於傳統中醫療法中的外治法之一，龍勝溫泉的藥浴池由 50 多種藥材泡製而成，利用水溫本身對皮膚、經絡、穴位的刺激和藥物的吸收，可達到治療疾病、養生保健目的。

　　兒童戲水池：兒童戲水池位在公共區，以變化多端的噴水造型及各種層次搭配，讓兒童能夠體會戲水、打水仗的趣味，樂而忘返。

　　翡翠池：水溫較低，呈橢圓形，造型典雅。旁邊有販賣部，肚子餓的話，可以買些零食和飲料。

　　靜謐池：這是龍勝溫泉水溫最高的泡澡池，池水是從旁邊山體的岩石縫中流出，水溫達攝氏 50 度，不適合直接泡澡。

　　住宿：龍勝溫泉中心的龍福山莊、金泉山莊都是不錯的住宿地方，兩處都有溫泉池，泡浴非常方便，而且房型多樣，房內的設施也齊全。

連結

親親魚療

　　龍勝溫泉還有一種特殊的療法叫「親親魚療」。親親魚又叫溫泉魚，被稱為小魚醫生。學名叫星子魚，是用土耳其星子雄魚和本地熱帶母魚，經過人工繁殖出來的新品魚種。所謂的「親親魚療」是指將親親魚放養在溫泉池中，由於特殊的生活習性，此魚不僅能在高達攝氏 42 度的溫泉水裡暢游，當人進入池中，牠會圍攏過來，啄食人們身上老舊的皮質，以及只有在顯微鏡下才看得到的細菌和微生物。

　　當這群小魚吸啄皮膚時，不會感到痛癢，而且有一種極為愜意的感覺，讓人們體驗被溫泉魚親親啃啃的快感，所以人們稱牠為親親魚。此種無醫無藥，純粹的自然療法，號稱對於常見的皮膚病、疤痕、腳氣有獨特效果，而且無任何副作用。

樂滿地休閒世界
桂林迪士尼

網友推薦

★小蘑菇　樂滿地主要是以遊樂為主的主題樂園，裡面有很多特別刺激的娛樂設施，也可以品嚐相當道地的桂林美食。

★黑木耳　裡面的遊樂設施保養得不錯，而且定期更新，每年都會增加一項新的遊樂設施，很有意思。

門票和開放時間

門票：樂滿地主題樂園實行通票制，普通票人民幣 150 元（除投幣部分和特別說明的設施），優惠票人民幣 75 元（現役軍人，身心障礙人士，120 ～ 150 公分兒童，60 歲以上老人）。

開放時間：9：00 ～ 17：30（每年的 7、8 月調整為 8：30 ～ 17：30）。

最佳旅遊時間

一年四季皆宜，最佳旅遊季節是 4 月～ 10 月，這時候桂林氣候適宜，溫度適中，也可以進行水上活動。只是農曆新年期間人潮較多，最好避開。

進入景區交通

位置：桂林市興安縣誌玲路。

交通：在桂林火車南站乘「桂林～興安樂滿地」的旅遊快巴可直達樂滿地。

桂林樂滿地度假世界包括度假酒店、主題樂園、高爾夫俱樂部三大部分。融合桂林山水之美、廣西少數民族藝術及樂滿地歡樂文化的五星級酒店，閒逸高雅；美式丘陵國際標準 36 洞高爾夫球場，獨攬桂林山水盛景；繽紛主題樂園，時尚、動感、刺激與歡樂並存，形成集尊貴、自然、浪漫、閒逸、歡樂為一體的度假勝地。

其中主題樂園包括：時空交錯的歡樂中國城、驚險刺激的美國西部區、奇妙魔幻的夢幻世界區、充滿神祕的海盜村、高貴典雅的歐洲區以及熱情洋溢的南太平洋區。

❶ 歡樂中國城

中國城裡，建築風格充滿濃郁的中國古代特色，有長城式的城牆及亭臺樓閣等建築造型。內部採用高科技先進設備，使得古老的東方文化與現代化高科技相結合，別有一番風情。主要娛樂設施有急速動感、音樂馬車、風火輪等。

> **攻略**
>
> **風火輪**：風火輪為園區內漂亮的設施之一，背景為大家非常熟悉的中國神話人物——「哪吒」，乘坐時好似哪吒腳踩風火輪飛翔在靈湖上空，驚險刺激。（遊玩人員身高須限 140 公分以上）
>
> **神馬影院**：4D 電影院，在原有 3D 基礎上，添加環境特效模擬動感效果，使觀眾在觀看過程中，即時感受到風暴、雷電、下雨、撞擊、水霧、掃腿等，彷彿身邊正在發生與立體影像對應的事件。
>
> **青優水上綜合運動俱樂部**：有經驗豐富的專業教練和先進的水上運動器材，可以進行滑水橇、衝浪板、快艇、摩托艇、飆車船、香蕉船等項目。
>
> **美食**：如果想品嚐正宗的中國菜就來靈湖客棧，裡面約有 180 個席位，採取自助式消費的形式，彙集南北各地美食，有廣式的金牌烤臘、燉品煲湯、風味小吃和南北麵點甜品等。

❷ 美國西部區

來到美國西部區，美國科羅拉多大峽谷、騎著高頭大馬的牛仔、淘金礦山等獨特情景，會一併躍入遊客的眼簾，就好像置身於 19 世紀淘金時代的美國西部小鎮，有著濃郁的美國西部風情，這裡的遊樂設施有：鬼馬小精靈、轟天雷大峽谷急流泛舟、沙漠雄鷹等，以及驚險刺激的好萊塢影視特技秀。

其中，急流泛舟是仿造美國科羅拉多大峽谷的造型而建造，全長 400 公尺，運用高科技手段，製造急流漩渦，遊客乘坐橡皮艇漂流，一路驚險，一路顛簸。

攻略

　　鬼馬小精靈：也稱音幻屋，是主題樂園引進的最新虛擬數位設備，遊客只要戴上特製的耳機，就會跨越時空，進入陰森恐怖的城堡，與精靈們做近距離交流，感受意想不到，身臨其境的驚嚇之旅。

　　沙漠雄鷹：美西區最震撼的超級設施，高達 30 公尺，每次可乘坐 8 人；不僅可以讓人領略美西區的粗獷風情，而且可以猶如跨上雄鷹的脊背、感受風馳電掣般驚險刺激。（遊玩人員限 140 公分以上或 12 歲以上）

❸ 夢幻世界

　　夢幻世界區是以西洋童話中的夢幻仙境為主題。這裡的建築色彩斑斕鮮豔、造型卡通奇特、娛樂服務及設施掩映在卡通城堡和森林木屋、大蘑菇之間，彷彿帶您來到童稚時期的夢境。本區主要的遊樂設施有：驚聲尖叫、歡樂小火車、夢幻水世界、魔法光輪、碰碰車等。

攻略

　　驚聲尖叫：乘坐幽靈車，穿梭在怪異場景中，裡面的驚險場景陰森恐怖，會讓遊客在驚恐未定之餘，感歎設計者奇妙的構思。（遊玩人員身高限 90 公分以上）

❹ 海盜村

　　海盜村以加勒比海岸景觀建築為主，該區主要遊樂項目有：海盜船、奧爾邦大炮、怒海爭峰、嘉年華遊戲城、驚濤駭浪等。當來到樂滿地進入海盜村，首先感受到的是超人氣設施——海盜船上發出的尖叫聲，遊客還可以乘坐「驚濤駭浪」，體會狂風暴雨中航行的驚險刺激。此外，園區內最炫、最酷的設施——怒海爭峰更不容錯過。

❺ 南太平洋區

　　南太平洋區充滿異域風情，有陽光、海灘、熱帶魚、椰子樹、貝殼，還有熱情洋溢的南太平洋少女，她們唱著海洋的歌、跳著草裙舞，歡迎來自四面八方的遊客。這裡的遊樂設施主要為飛艇衝浪。飛艇從十多公尺的高度急速沖下來，伴著乘客的尖叫聲，在周圍飛濺起高高的扇型水花，壯觀又新奇。

攻略

　　雷射戰船：這是一種創意新穎的水上遊樂設備，造型新奇，船上設有雷射炮及射擊目標燈，可向其射擊，營造出海戰氣氛。

❻ 曼陀羅園區

　　樂滿地主題樂園不僅有刺激與動感，還有一個主題區是依傍著天然的靈湖而建，沿湖畔可觀賞到獨有的八大經典景觀，這就是蘊藏著靈氣且秀美的曼陀羅園。在這裡，遊客能以輕鬆和浪漫的心情，從另一個角度感受樂滿地的自然和文化之美。

　　園中的八大景觀是融合桂林山水的精華與靈氣，清新自然、明亮清澈、神韻飄逸。無論從哪種角度欣賞，這裡的山水風景都如一幅淡雅的山水名畫，靜心品味，便會讓人頓覺靈氣四溢。

> **攻略**
>
> 　　茶花谷：在茶花谷，遊客可欣賞到萬朵茶花爭豔的盛景；「緣」字壁前，印證愛情的真摯；攜手走鵲橋、在月老閣參拜愛神佛等，極目遠眺，靜臥靈湖碧波的侗族風雨橋映入眼簾，是目前中國大陸境內唯一一座橋下可以行船的風雨橋。湖面上古色古香的畫舫，與周圍的自然景觀融合成一幅美麗的山水畫。

> **連結**
>
> **曼陀羅園八景**
>
> 　　曼陀羅園有八大景觀，構成曼陀羅園別具特色的風貌。第一景煙波靈湖，第二景風雨侗橋，第三景茶道情長，第四景月老情緣，第五景福滿雲天，第六景松林聽濤，第七景相思霞堤，第八景雲想衣裳花想容。

❼ 歐洲區

　　歐洲區主要呈現的是歐洲 12 ～ 13 世紀的哥德式建築，高聳的尖塔、墩柱、賀形城堡及護牆、交叉的拱頂、噴泉等，都透露出高貴典雅的歐式建築風格，本區有園內最刺激、令人心跳的遊樂設施——聖戰奇兵。

❽ 高爾夫球場

　　桂林樂滿地高爾夫球場為美式丘陵球場，特別依桂林山水美景量身打造，倚著度假區內靈湖的曲線，也傍著遠山融為一體。整座個高爾夫球場的球道造型完全結合桂林山水創作設計，前九洞以山景為主，後九洞以湖景為主，山水相依，美不勝收。

攻略

住宿 背包客推薦的住宿地

如果想在樂滿地住一晚，樂滿地度假酒店是首選。樂滿地度假酒店是一家五星級酒店，共有 7 個樓層。酒店大廳頂部的木質結構裝潢，融合廣西各少數民族的建築風格。由名家設計的精緻典雅的客房，融合中國的詩情與西方的浪漫，更融入廣西壯族的雅竹風采，為酒店增添不少視覺饗宴，而且客房內設施齊全，溫馨舒適。

位置：樂滿地休閒世界內。電話：0773-6229898。

遊玩 精彩表演不錯過

樂滿地主題樂園內不僅有著眾多驚險刺激的遊戲，還有許多精彩表演可以觀看，主題樂園演出節目如下表：

節目	演出時間	演出地點	備註
花車巡遊	7 月～8 月每天 14：30，其他月分 13：00	園內各區	遇大雨取消
好萊塢影視特技秀	7 月～8 月 10：30、13：30；3 月～6 月、9、10 月 10：30、14：00	美國西部區	1、2、11、12 月停演
牛仔街頭秀	3、4、5、6、9、10 月每天 15：00；7、8 月每天 16：00	美國西部區	每週一停演
魔術城堡	每整點演出一場	美國西部區	
奇幻之旅	1、2、11、12 月每天 11：30、14：30 兩場；3、4、5、6、9、10 月每天 11：30、15：00 兩場；7、8 月每天 11：30、15：30 兩場	夢幻世界	每週二停演
南太平洋歌舞秀	3、4、5、6、9、10 月每天 10：00、15：45 兩場；7、8 月每天 12：30、16：30 兩場	南太平洋區，遇雨改為街頭秀，在港口餐廳迴廊拍照。	
南太平洋街頭秀	3、4、5、6、9、10 月每天 10：15、13：45 兩場	南太平洋區	
Pixel 家庭 SAY HELLO	9：30、10：00、16：30、17：00	園內各區，遇雨改在美國西部區。	
蹦極花樣表演	10：30	南太平洋區	

靈渠景區
北有長城　南有靈渠

網友推薦

★珠珠　靈渠景區除了可以暢遊靈渠、感悟古人的偉大，還可體會江南水鄉的秀美：從大壩附近碼頭乘船沿南渠而下，一邊欣賞講解員彈奏的古箏妙曲，一邊領略南渠兩岸秀麗的自然風光和水街的安逸氛圍，打從心底發出留在桂北水鄉的感嘆。

★絲絲　興安靈渠是與都江堰齊名的秦代水利工程，同時也是世界上最古老的人工運河之一。靈渠的偉大之處在於連結灕江和湘江，使長江與珠江得以通航。自秦代至民國，兩千多年來，成為嶺南和中原的唯一交通孔道。

門票和開放時間

門票：靈渠景區有兩種門票，仿古遊為人民幣 70 元，尋秦之旅為人民幣 140 元。

開放時間：5 月 1 日～ 10 月 31 日 7：30 ～ 19：00，11 月 1 日～次年 4 月 30 日 8：00 ～ 18：30。

進入景區交通

位置：桂林市興安縣雙靈路。

交通：在桂林乘汽車前往興安縣，在興安縣搭乘 2 路公共汽車至終點站（靈渠公園），即可到達景區大門。

桂林靈渠景區位在桂林興安縣境內。靈渠全長 37.4 公里，是秦始皇於秦三十三年（西元前 214 年）為一統中國大業而建，至今已有 2000 多年的歷史，與都江堰、鄭國渠齊名，是目前世界上保存最完整的古代水利工程，也是世界上知名的古老運河之一。

景區內的水街，是指古靈渠流經興安縣城的南北兩岸而形成的街道，水街全長 980 公尺。因為它依靈渠水而成街，所以人們叫它水街。靈渠兩岸風景優美，水清如鏡、古樹參天、文物古蹟眾多，尤其是水街的亭臺樓榭、小橋流水、市井風情等，都鮮活再現千年的歷史文化。

❶ 渠首核心歷史文化保護區

渠首核心歷史文化保護區由鏵嘴、大小天平、南北二渠、泄水天平和陡門組成，設計科學，結構精巧，鏵嘴將湘江水三七分流，其中三分水通過南渠流入灕江源頭，七分水通過北渠匯入湘江，形成著名的「湘灕分派，湘江北去，灕水南流」，為秦始皇統一中國奠定重要基礎。

而陡門則是建築在南北渠中的一種通航設施，其作用是調節水位，便於航行，類似現代船閘，曾被世界大壩委員會的專家學者稱讚為「世界船閘之父」。

> **攻略**
>
> 　　登閣遠眺：1942 年建成的觀景閣，由陸軍上將李宗仁先生命名，他還親筆書寫了閣名和撰聯一對「南北關山展，陡流雲漢橫」。登亭遠眺，大小天平、鏵嘴等美景盡收眼底，一覽無遺。
>
> 　　參觀大小天平壩：橫斷湘江的「人」字壩就是大小天平壩，它是靈渠的精華工程，其巧妙的設計、精當的構造，堪稱當世一絕，因「稱水高下，恰如其分」，故稱天平壩。經受了幾千年的驚濤駭浪，依然牢固如初，創造人類的奇蹟。
>
> 　　登臨鏵嘴：登上鏵嘴眺望，可以見到湘灕二水由此奔流，七分湘水北去，三分灕水南流，這裡山水秀麗，風景宜人。當洪水暴發時，浪湧而來，震聲如雷，驚天動地，蔚為壯觀。

❷ 狀元橋

狀元橋也叫青雲橋，建於清代，距今已有二百多年歷史，整座橋欄由漢白玉建造而成，古色古香。橋欄上雕刻有八塊精美的圖案，有麒麟、獅子（寓意人間無災無禍、國泰民安、生活幸福），以及梅花鹿（含有福祿安康的意思），還有鯉魚跳龍門及雙鳳朝陽等，都是吉祥的圖案。橋面上有三塊石板雕刻著非常精美的雲彩，寓意人們平步青雲。

> **旅遊小 Tips**
>
> 　　為了保護古蹟，狀元橋已經不允許遊客走上去，只能在橋下拍照。

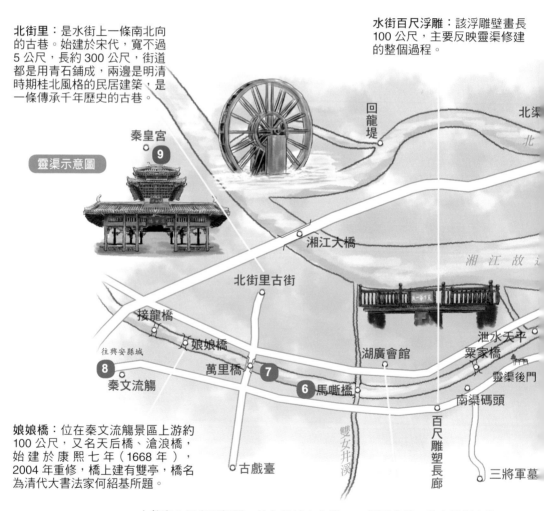

故事

狀元橋的傳說

　　相傳在古代，有一位書生連考三年都名落孫山，意志非常消沉，於是他出門雲遊四海，消遣散心。一天，他慕名來遊覽靈渠，走到青雲橋邊，遇上一位鶴髮童顏的老人點化：「走上青雲橋，踏在雲彩中，便會平步青雲、心想事成。」於是他誠心誠意的踏上此橋，許下心願，果然當年便金榜題名，高中狀元。後來這位書生故地重遊，尋找恩人時，把此橋由青雲橋改名為狀元橋。

北街里：是水街上一條南北向的古巷。始建於宋代，寬不過5公尺，長約300公尺，街道都用青石鋪成，兩邊是明清時期桂北風格的民居建築，是一條傳承千年歷史的古巷。

水街百尺浮雕：該浮雕壁畫長100公尺，主要反映靈渠修建的整個過程。

靈渠示意圖

秦皇宮
9

回龍堤

北渠

湘江大橋

湘江故道

北街里古街

接龍橋

娘娘橋

往興安縣城

8
秦文流觴

萬里橋

7

6 馬嘶橋

湖廣會館

泄水天平
粟家橋

靈渠後門

南渠碼頭

雙女井溪

古戲臺

百尺雕塑長廊

三將軍墓

娘娘橋：位在秦文流觴景區上游約100公尺，又名天后橋、滄浪橋，始建於康熙七年（1668年），2004年重修，橋上建有雙亭，橋名為清代大書法家何紹基所題。

古戲臺：又名天韻閣，位在縣城中心廣場與水街交會處，高12公尺，分上下兩層，上面唱戲，下面行人，為徽派建築風格。該戲臺與萬里橋遙相呼應，是居民休閒看戲的好地方。

湖廣會館：位在靈渠水街中段，建於清朝初年，是舊時旅居興安的湘南、湖北同鄉聚會議事、供奉先賢、唱戲娛樂的場所。

❸ 四賢祠

　　四賢祠因奉祀對開鑿和完善靈渠有功的秦監御史祿、漢伏波將軍馬援、唐桂管觀察使李渤、防禦使魚孟威而得名。四賢祠元代以前就存在，叫靈濟廟。清代太平軍攻占興安時，戰火延至四賢祠，祠廟被火焚毀，現存四賢祠為 1985 年重建，祠內有四賢雕像及天下奇觀——古樹吞碑。

美齡亭：1941 年 8 月，蔣介石偕夫人宋美齡遊覽靈渠，後來官方在鏵嘴上建立一座亭子，命名美齡亭以示紀念。

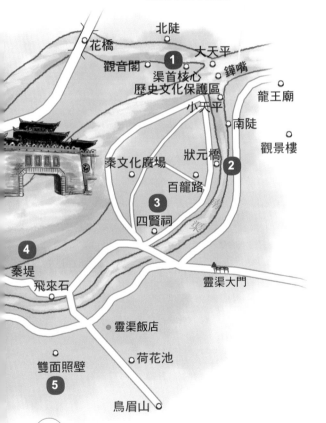

連結
古樹吞碑

　　此景觀為天下一奇，一棵已有 780 多年的重楊樹（俗稱瓊樹）吞吃著一塊乾隆十二年的古碑，而且至今重楊樹還在以每 3 年一公分的速度，吞吃著樹下方的古碑。也許幾百年以後，人們就再也見不到這塊乾隆年的古碑了。

❹ 秦堤

　　秦堤在靈渠的南渠與湘江故道間，築於秦朝，用以防止南渠渠水泄入湘江故道，保護南渠不受洪水衝擊。堤自分水塘至大灣陡，全長 3150 公尺。堤下一公尺多處開「渠眼」，豐水期可排洪，枯水季節則溢出細流以灌溉農田。堤上古木成蔭，構成七里長堤風景道。

連結
飛來石

　　在秦堤上，石高 4 公尺，周長 20 公尺，近正方形。石的上方，平坦如臺，有級可登。平臺上有兩株桂花樹裂石而出，亭亭玉立。飛來石石質成分與周邊岩石相差巨大，獨聳於湘江故道與南渠的二水間，讓人對它的來歷產生無限遐思。宋以來，歷代詩文題刻凡 11 件，有「砥柱石」、「虯如」、「夜月潭輝」、《重修靈渠記》等。

❺ 雙面照壁

　　雙面照壁高 5 公尺、寬 6.8 公尺，是目前中國大陸境內最大的雙面陶塑磚雕照壁，由中國三大「陶藝大師」之一龐忠華製作。

　　整個照壁根據興安 2000 多年的歷史文化及景點、典故設計製作，雕塑有古城北門、飛來石、萬里橋、馬嘶橋等，水街著名的景點及修建靈渠的三將軍形象，融合觀音娘娘、四大金剛、八仙、哪吒與和合二仙、招財童子、鰲魚等民俗文化元素，以此祈盼過往的百姓平安如意、幸福吉祥。

> **解說**
>
> **照壁**
>
> 　　照壁是中國傳統建築特有的部分，也就是指在大門內的遮罩物，古人稱為「蕭牆」。在舊時，人們認為宅中不斷有鬼來訪，據說小鬼只走直線，不會轉彎，修上一堵牆，以斷鬼的來路。另一說法為照壁是中國受風水意識影響而產生的一種獨具特色的建築形式，稱「影壁」或「屏風牆」。北京故宮中的九龍壁便是照壁的一種。常見的照壁有四種，分別是琉璃、磚雕、石製、木製照壁。

❻ 馬嘶橋

　　馬嘶橋是景區內一座非常獨特的橋，可以與周莊的雙橋媲美。它橫跨在兩水上，靈渠自東向西流去；另外一條雙女井溪自南向北而來，在這裡形成一段奇妙的水上立交橋，也產生「三橋跨二水」的奇觀。

> **故事**
>
> **馬嘶橋的由來**
>
> 　　馬嘶橋的由來與東漢伏波將軍馬援有關。據說，東漢馬援將軍奉朝廷命令到嶺南平定交趾叛亂。一天，將軍在興安的城臺嶺上紮下大營以後，便騎馬四下察看地形。將軍來到這裡，戰駒突然停下腳步。馬援將軍於是催馬過橋，沒想到這匹千里馬卻只是揚蹄嘶叫，不肯過橋。
>
> 　　馬將軍很納悶，這匹戰馬跟隨自己多年，久經沙場，怎麼連一座小小的石橋都不敢過？於是他下馬仔細察看，原來小橋的橋基已經崩塌。後來為了籌建修造一座新橋的資金，將軍將戰馬變賣。馬援將軍賣馬修橋的舉動感動興安人民，於是大家紛紛捐款，終於在這裡建成一座結實的橋樑。人們為了紀念馬援將軍和那匹非常有靈性的戰馬，便把這座橋取名為馬嘶橋。

❼ 萬里橋

　　萬里橋是靈渠上最有名、最古老的橋，是昔日往來南北必經之道，歷史上被稱為「楚越要津」。萬里橋始建於唐代寶曆年間，是唐朝桂管觀察使李渤於寶曆元年（825

年）建成。橋最初是虹式單拱橋，只由一層斧刃石砌成，在萬里橋的北邊五里設有接官亭。據說，萬里橋距離唐朝的都城長安水路有一萬里的路程，所以稱為萬里橋。

❽ 秦文流觴

秦文流觴指的就是秦城，「觴」是中國古代的一種酒杯，「流觴」是古人一種趨吉避災的祭祀儀式，「秦文流觴」取意「傳秦漢文化，祝百姓吉祥」的意思。秦文流觴是興安古北門所在地，是水街的入口，由一品居、三槐、九井坊等古建築組成，頗具秦漢建築風格，樸實而大氣。

步入秦城，迎面而來的是復古而有趣的雄偉城門——古北門，及高高的箭樓。九井坊街、三槐第是一條重現古代作坊式的商業街道，在秦漢時代就商賈雲集，製酒、染織等作坊無數。一品居月牙廣場的清新與繁華，讓人感慨「千年一埠，萬人空巷，食住娛遣，商機無限」。

❾ 秦皇宮

靈渠的秦皇宮是於 2005 年重建，恢復本來的歷史面目。自南向北看去是一個「壽」字，從東邊看來則是一個「囍」字。遊客來此，倘若想看清那些字的形狀，就得在行宮中來回穿梭。如今秦皇宮隨軍商賈已不見，到處可見的是遊客和永恆不變的壯麗美景。

解說

當年的靈渠秦皇宮是有史以來嶺南大地上唯一的帝王行宮，也是史上唯一一座帝王未曾入住的行宮。為了修建這座皇宮，秦始皇花費大量金錢、動用大批民工。但是將行宮修建於遠離中原的嶺南地區，到底目的何在？修建後未曾入住是何原因？種種解不開的謎團，都有待後代人們去探索與發現。

攻略

住宿 背包客推薦的住宿地

遊玩靈渠的水街景區可以住在桂林市內，但是要想感受靈渠的清幽，潺潺的流水聲，住靈渠飯店是不錯的選擇，飯店環境好，旁邊就是秀美的靈渠，住宿一晚的費用約人民幣 240 元左右，淡季可打 5 折，並可免靈渠門票。離靈渠稍遠的地方也有不少旅店，有人民幣 30 ～ 80 元的經濟型旅館，房間乾淨，也有人民幣 70 ～ 200 元的高級旅館，設施齊全，設備和服務、住宿環境更好。

貓兒山
華南第一峰

★草木　去貓兒山之前，光聽山名還以為那裡有許多野貓，去了之後才發現，原來是它的主峰很像一隻貓，為天然形成，拍照很好看，值得一去。

★閃亮亮　貓兒山上植被非常繁茂，很有原始森林的感覺，而且氣溫適宜，踩在山林中的落葉上，感覺非常舒服。

門票和開放時間

門票：貓兒山人民幣 180 元（包含上下山觀光車）。

開放時間：8：00 ～ 17：00。

最佳旅遊時間

四季皆宜，最佳旅遊季節 4 月～ 10 月，這時候既是賞杜鵑的好時節，也是欣賞山內峽谷瀑布的好時機。

進入景區交通

位置：興安縣華江鄉高泰村（景區地跨興安、資源、龍勝三縣），距桂林市 80 公里。

交通：桂林汽車站或興安班車停車場，乘桂林～貓兒山的長途班車可達。

貓兒山地處桂林的北部，蜿蜒至興安縣與資源縣邊界。主峰海拔 2000 多公尺，居五嶺之冠，為華南之巔。因主峰峰頂形似一隻匍匐的巨貓而得名。貓兒山山高林密，夏涼冬雪，環境清新寧靜，風光如詩如畫，自然景觀集雄、險、秀、幽、野於一體。

　　貓兒山是一處天然的植物區，森林繁茂，終年空氣溼度大，空氣負氧離子含量高。此外，茂密的森林植物還分泌揮發性芬多精，吸入後具有降低血壓、減緩心跳、刺激副交感神經、消除緊張疲勞等功能，到貓兒山遊玩，不僅可以領略大自然原生態的神奇魅力，更可延年益壽。

❶ 杜鵑花廊

　　以老山界為中心，從九牛塘至山頂 20 多公里的貓兒山公路沿線，是杜鵑花的主要分布區，形成一條長長的杜鵑花廊。杜鵑是貓兒山分布廣、數量多的植物之一，即使在海拔 1800 公尺以上的高寒地帶也遍布各類杜鵑。貓兒山上的杜鵑花品種多，花色各異，斑斕似錦；花期長，從 3 月到 6 月，山上的杜鵑、映山紅次第開放，輪番爭豔，成為貓兒山春天第一道亮麗的生態美景。

　　貓兒山杜鵑、越峰杜鵑、子花杜鵑、美麗杜鵑、細瘦杜鵑、紫藍花杜鵑等 6 種杜鵑是貓兒山特有品種。6 月中旬，已是「花謝花飛飛滿天，紅消香有誰人憐」的時候，越峰杜鵑的杜鵑花才破蕚怒放，花朵紅中顯白，雍容華麗，馨香襲人。

攻略

　　九牛塘杜鵑園是貓兒山杜鵑花薈萃地之一，可與「國色天香」的牡丹比美，敢與「花中皇后」月季競豔，難怪古人云「花中此物是西施」。

　　每到清明前後登上貓兒山，一定會被眼前迎風搖曳的杜鵑花蕾吸引。這些杜鵑風姿各異，樹葉有條形的、橢圓形的、心形的，葉面有臘質的、粗糙帶細刺毛的；有的花朵成雙成對互生枝頭，有的數朵以至十數朵簇生成球；花兒有單瓣的、雙瓣的；長柄的、短柄的；花色有淡藍的、鮮紅的、潔白的、火紅的、玫瑰紅的等，各有姿態，美不勝收。

❷ 老山界

老山界是貓兒山的主要山脈，呈東西走向，海拔大約 1860 公尺，山峰陡峭，山頂狹窄，南北向溝谷發育完整，地勢險峻。

❸ 九牛塘峽谷

九牛塘位在貓兒山山腰，海拔 1100 公尺，由兩個聚寶盆似的山間盆地組成，是資江的源頭之一。九牛塘峽谷河床落差極大，懸泉如鏈，銀瀑高掛，形成眾多秀美的瀑布群。其中，九牛瀑落差高達 50 公尺。峽谷巨石突兀，更有碧潭、迭水，幽澗相伴，清澈亮麗。

河床和瀑布均長有幽幽的水生植物，平添曠古的幽情。兩岸古樹羅列、怪石嶙峋，形成一處幽奇靈秀的景觀。

> **攻略**
>
> 九牛塘峽谷建有珍稀植物園，種植有大量珍稀樹種和杜鵑花。同時這裡也是冬季踏雪點之一。貓兒山每年都有大雪降落，並伴有霧淞奇觀，處處玉樹臨風，一派銀裝素面，是嶺南最佳觀雪勝地。

❹ 十里大峽谷

貓兒山十里大峽谷，最早稱為杉木江大峽谷，是灕江的正源，山高谷深，溪落差很大。短短 6000 公尺的距離，海拔從 2000 公尺降至 500 公尺，可謂「一山有四季，十里不同天」。

巨大的落差也形成諸多千姿百態的瀑布群，黑崗瀑布、劍龍瀑布、龍九瀑布、三迭飛泉落差都在 20 公尺以上，峽谷間懸泉高掛，銀瀑如練，更有湍流、石灘、碧潭、迭水幽澗相伴，或靜靜流淌，或嘩嘩歡歌，或隆隆高唱，水景動靜相連，聲色並茂，在茂密的原始森林中，更加清澈明亮、秀美壯觀。

貓兒山示意圖

觀景
鐵杉林
仙悉
高山矮林
避暑山莊
高山公園景區
貓兒山主峰
華南之嶺景區
佛光臺
神仙柱

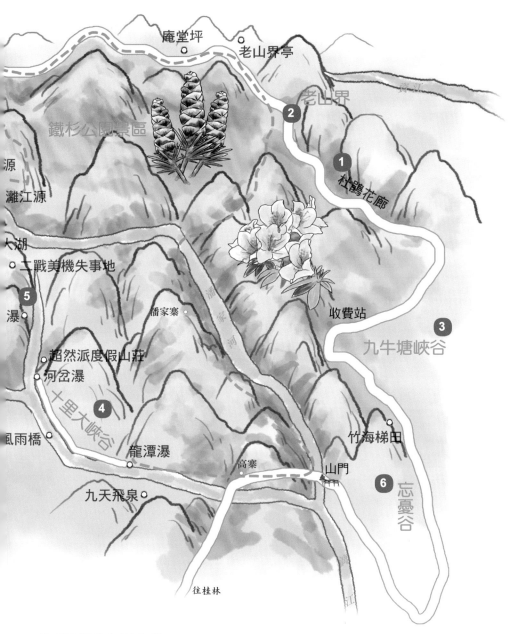

庵堂坪

老山界亭

鐵杉公園景區

老山界

源

灘江源

杜鵑花廊

大湖

二戰美機失事地

收費站

⑤

潘家寨

九牛塘峽谷

瀑

超然派度假山莊

河岔瀑

十里大峽谷

④

風雨橋

竹海梯田

龍潭瀑

高寨

山門

⑥

忘憂谷

九天飛泉

往桂林

❺ 超然派度假山莊

　　十里峽谷的終點便是超然派度假山莊。景區具有豐富的山、水、林自然資源，集古人類遺址、民俗風情、歷史遺跡等人文景觀為一體，是風光遊覽、休閒度假、科普教育和健康運動的綜合性風景區。

超然派大峽谷保持著原始風貌的自然生態，負離子含量高，有天然的芬多精。這裡是灕江源頭處，度假山莊有迎賓瀑、鳳歌亭、跳潭、鳳潭、大鯢潭、聽濤小築、壽桃潭和天然浴場、龍泉、品茗苑、小天鵝湖等，約有 20 多處景觀，景點十分豐富。

> **攻略**
>
> 　　**戶外活動**：超然派有多種戶外活動，如匹特博野戰、山地摩托車、攀岩、漂流、篝火晚會等。
>
> 　　**住宿**：山莊酒店具有中西結合的建築風格，高度融入自然環境，客房、餐廳、水療溫泉、娛樂室等配套設施齊全，富有濃厚的巴里島異國風情。
>
> 　　**美食**：在度假山莊內，遊客不僅可品嚐到色香味俱全的中華美食，還可以吃到純正的鄉村野味和異國風味的佳餚。

❻ 忘憂谷

　　忘憂谷位在貓兒山腳下，一年四季都有不同花卉盛開，山清水秀，已經成為許多都市人假日休閒的絕佳去處。

　　目前景區主要由竹海、竹文化博覽園、竹子博物館、嘻竹園、貓兒山珍稀植物園、老山界紅軍長征紀念館、蔬果採摘區、忘憂泉、桂北民俗園、CS 野戰拓展基地等景觀和娛樂組成，旅遊資源十分豐富。

> **攻略**
>
> 　　**遊覽竹博園**：是興安華江竹鄉旅遊的經典作品，王牌景點。到竹博園遊覽，可以一覽華南地區的奇竹異草，認識千載竹子加工利用史。
>
> 　　**親水嬉戲**：忘憂谷溯溪第一個親水嬉戲的最好地方，遊客可以進行各種水上運動，在夏日可以盡享清涼感。
>
> 　　**野戰拓展基地**：是一家以傳播、推廣軍事文化為主題，集軍事野戰、體育運動、拓展訓練、娛樂休閒為一體的專業俱樂部。

資源
多彩的山水森林

　　★水月無憂　八角寨有的地方很險，堪比華山，很值得去看看。往上走到雲臺寺，那裡便是廣西、湖南兩省交界處，站在雲臺寺上遠眺，景色真好。

　　★雪無恆　走入漂流風光旖旎的資江，猶如步入一條長長的山水畫廊。兩岸奇峰突兀，怪石嶙峋，雲煙縹緲，竹木蔥蘢，山花爛漫，水鳥低飛，鶯啼婉轉。

門票和開放時間

　　門票：八角寨人民幣 80 元，五排河漂流度假區人民幣 168 元。

　　開放時間：五排河度假區 8：00 ～ 16：00。

最佳旅遊時間

　　四季皆宜，最佳旅遊時間為 5 月中旬至 9 月上旬，這時候水源豐富，適合漂流。

進入景區交通

　　位置：桂林市資源縣。

　　交通：在桂林汽車站乘前往資源的巴士，在資源汽車站轉乘前往各景區的汽車。

資源縣位在桂林，是北部山脈腹地，也是廣西的北大門。境內山清水秀，有豐富的奇石地貌。資源擁有「世界自然遺產、國家森林公園、國家地質公園」三頂桂冠的八角寨景區；有丹山碧水，被譽為「華南第一漂」的資江景區；有「中國最佳漂流勝地」的五排河探險漂流景區等，這些景點構成多彩的資源。

❶ 五排河漂流度假區

　　五排河漂流度假區位在華南第一高峰貓兒山下，被世人譽為桂林的「黃河壺口」、桂林的「虎跳峽」。整個景區以「水險、石奇、林幽、瀑美」著稱。五排河有約 30 公里的漂流河段，落差達 200 多公尺。整個漂流河段無暗河、無漩渦，局部落差不過 2 公尺，既刺激又安全。因此五排河不僅適合大眾旅遊漂流，而且具有展開激流划橡皮艇迴旋運動競賽和訓練的自然條件。

攻略

　　五排河最具探險漂流價值的河段，是自車田鄉政府所在地的車田，至河口鄉政府所在地，長約 30 多公里。這裡峽深谷幽，灘險流急，山高石奇，兩岸風光優美，民俗風情濃郁，在這裡乘竹筏或划橡皮艇漂流，簡直就是置身於幽谷探祕，一切塵世間的喧囂頓然銷聲匿跡，江流把人帶進一個古樸、原始的純自然境界。

❷ 資江

　　資江發源於華南第一高峰貓兒山，自南而北注入洞庭湖，是資源縣最大的一條河流。資江兩岸植被保護良好，流量、流速穩定，好似一條玉帶穿梭在奇山峻嶺間。資江除具有原始、古樸、幽野的特色外，更富靈動、秀麗之美。

　　資源資江景區位在資源縣城以北，沿江分布的 60 多處景點，靜瑟各異，美不勝收，其中「風帆石」、「神象飲水」、「火炬山」、「將軍騎馬鎮門」、「資江大佛」等景點，形神畢俏，堪稱絕景，具有很高的觀賞價值。當然資源江最吸引人的還是有驚無險的資江漂流。

攻略

　　資江漂流：資江漂流號稱華南第一漂。資江漂流全程 22.5 公里，下 45 條灘，
轉 31 道彎，不管是乘坐木船、竹筏，還是橡皮艇，都可說是驚無險。漂流其間，
景點迭出，猶如步入山水畫廊。特別在春暖花開的季節，沿岸山花爛漫，四處精彩
紛呈，令人如痴如醉。**票價**：人民幣 98 元／人（木船）。

❸ 天門山景區

　　天門山景區位在資源縣中峰鄉車田灣村。天門山是典型的丹霞地貌奇觀，處於群山
環抱中，形成奇幻百出，呈現出「山中有山、峰後有峰」的絕妙景觀。整個景區內的景
點十分豐富，其中有比灕江「九馬畫山」還要壯觀的大型天然壁畫「將軍騎馬鎮天門」；
有高 16.3 公尺，被稱為廣西第一大佛的丹霞雕塑「藥皇神農」；有蘊藏豐富野生中草藥，
堪稱為中國一絕的「天下第一藥谷」；有廣西低海拔，面積最小的連片原始森林奇觀神
仙寨。

　　這些壯觀迷人的絕好佳景，千姿百態，異彩紛呈，再加上具有濃郁苗瑤建築特色的
別墅式吊腳樓度假山莊，以及獨具特色的地方風味佳餚，彙聚成一個美若仙界的景觀群
落。

長壽保健之旅：天門山景區擁有天下第一藥谷，谷中塑有歷代名醫的雕像群，高達 16.3 公尺的藥祖神農，充滿神祕的色彩，為遊客開闢了一條獨具特色的長壽保健之旅。

攀登神仙寨：景區內的神仙寨海拔 630 公尺，絕壁上方圓 50 畝的原始森林自古以來絲毫未損，屬世間罕見，寨頂有古樹、奇樹百餘種。攀上山頂，遙對著一尊「天然大佛」，山嵐遊弋，俯視 150 畝竹林，翠竹海中透著濃濃的古樸和神祕，令人心曠神怡、浮想翩飛。

休閒度假：景區內的神龍山莊依山傍水而築，因勢就形，竹籬木屋，掩映於翠竹叢中，流水潺潺、曲徑通幽、高低錯落、風格古樸，使這片幽靜秀美的地方，自成避暑休閒的最佳去處，在這世外桃源還可以從事攀登、垂釣、燒烤等活動。

❹ 八角寨

八角寨，又名雲臺山，地處湘桂交界的越城嶺山脈腹地，屬典型的丹霞地貌。八角寨因群山拱衛中，橫空出世，獨占鰲頭，寨頂飛出八個犄角而得名，是世界稀有的丹霞峰林地貌，被譽為「丹霞之魂」。在這裡，所有石峰均偏向一個方向，並做近乎 45 度的傾斜，十分奇特。

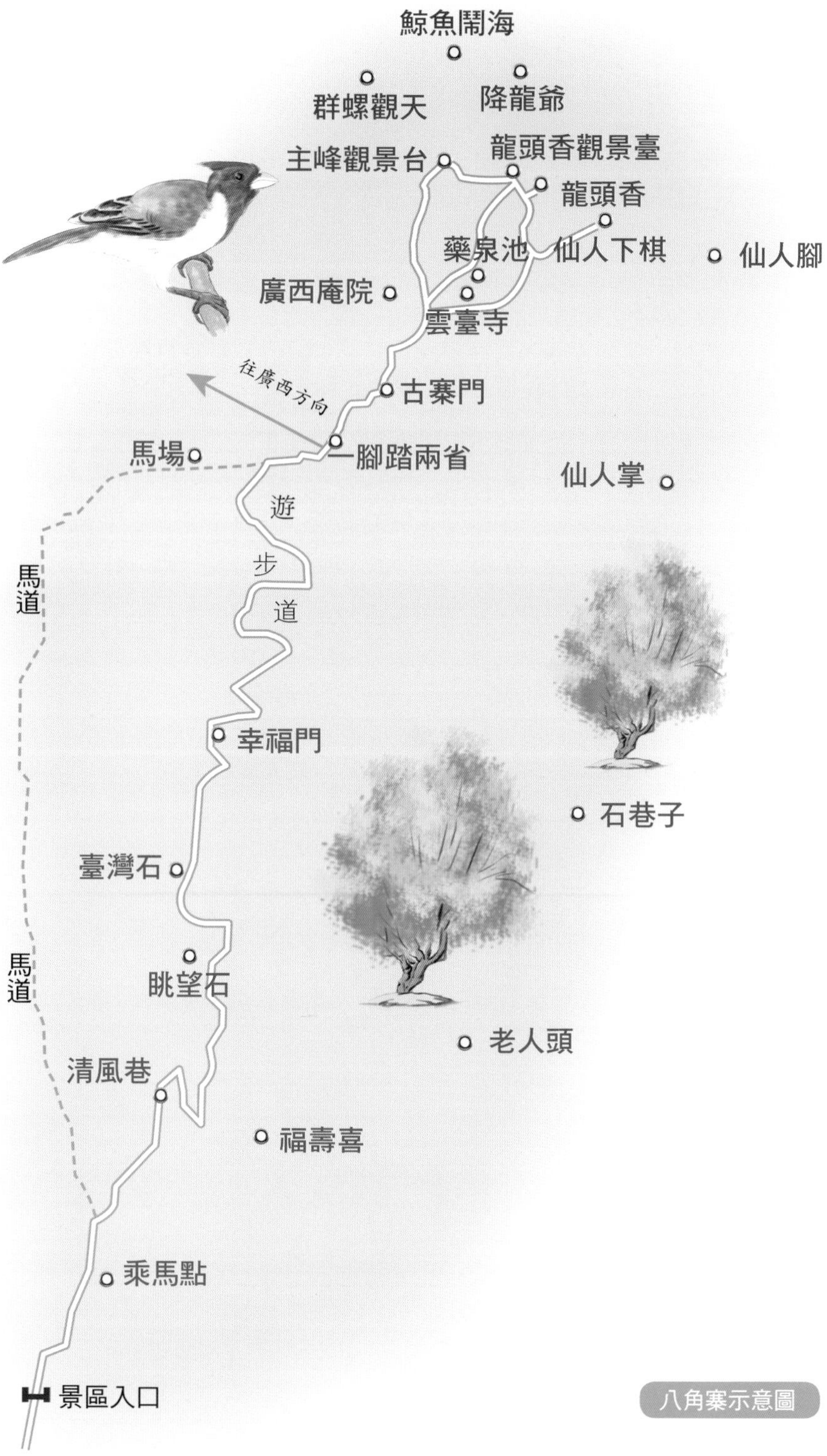

鯨魚鬧海

群螺觀天　　　降龍爺

主峰觀景台　　龍頭香觀景臺

　　　　　　　　　龍頭香

　　　　藥泉池　仙人下棋　　仙人腳

廣西庵院

　　　　　雲臺寺

往廣西方向

古寨門

馬場　　　一腳踏兩省　　　仙人掌

遊
步
道

馬
道

幸福門

　　　　　　　　　　　石巷子

臺灣石

眺望石

　　　　　　　老人頭

馬
道

清風巷

福壽喜

乘馬點

景區入口　　　　　　　　　八角寨示意圖

八角寨將險、峻、雄、奇、秀、幽等自然特點結合，似鬼斧神工鑿就。其中的一角名叫「龍頭香」，橫空出世，宛如一隻巨龍昂首飛上天空，上接蒼穹，下臨深淵，山勢雄偉險峻，堪稱一絕。

攻略

趕廟會：在寨頂，有宋元時建造的天空寺，這裡是湘南佛教聖地，香火鼎盛，逢農曆二月十九、六月十九、九月十九廟會期間，人潮熙來攘往。入夜，趕廟會的人們滿山遍野露宿山林，蔚為壯觀。

七月半河燈歌節：每年的農曆七月十三到七月十五，鄉民自發齊聚縣城鬥雞、鬥鳥、耍龍舞獅、賽歌打擂、農副特產比拼，七鄉一鎮鄉民盡情狂歡。入夜，禮花齊放，萬盞河燈漂資江的壯觀場面，令人歎為觀止。

連結

八角寨霧景

八角寨由於地型多樣，氣候溫差變化大，時常可以看到各種特異的天象景觀。其中，最值觀賞的就是八角寨霧景。

在清晨時登上八角寨頂部，能看到雲霧繚繞，就好像漫布腳下。加上這裡山勢高，常年雲霧瀰漫，山風怒號，四周險崖壁立，深谷如墜，有人稱此處就像仙境，讓人感覺不似在人間。

當偶有雲霧散去時，可看到周圍千姿百態的奇峰異嶺，曲徑通幽的深谷時隱時現，一派大好河山就這樣呈現在眼前，獨具另一種磅礴的氣勢。

桂北古村寨

龍脊古壯寨：位在龍勝縣，至今還保留著許多完整的古蹟，有上百條千迴百轉的青石板路和雕刻精美的青石板橋。此外，龍脊古壯寨擁有廣西保存最完整、最古老、規模最大的壯族桿欄式吊腳木樓建築群。

秦家大院（水源頭古村）：位在興安縣，又稱鼇頭村。村子位在群山環抱的都龐嶺山系中，村中有保存完好的明、清古建築群，古老的建築和古樸的民風相映成趣。

古嚴關村：位在興安縣，嚴關是桂林城的第一道防線，自古即為南北交通要道。歷代名人經過此處，題詠甚多，其中廣西提刑方信孺的「嚴關」題榜，書法古樸，是很珍貴的藝術品。

崔家村：位在湘桂古商道旁。湘桂古商道是從大圩經長崗嶺往高尚、海洋，到興安的最近商路。村內目前還完整保存著明清時代的古建築群。

榜上古村：地處興安縣漠川鄉。漠川是一個擁有千年歷史的典型山區文化鄉。明朝崇禎十年（1637 年），中國古代著名地理學家徐霞客曾到此一遊，評價很高。

月嶺村：位在灌陽縣，古民居始建於明末清初，至今古村已有 700 多年的歷史，屬於典型的湘南式民居。嶺村文化歷史悠久，早在宋末時期就建有劇團，此處也是桂劇的發源地。

熊村古村：位在靈川縣，始建於宋代，位在湘桂古商道旁。熊村古鎮的建築布局獨具風格，古街建在小山坡上，巷道內都布滿石階，風格獨特。而熊村內橋也多，據說，清乾隆皇帝就曾經走過由九塊大青石構成的九龍橋。

長岡嶺古民居：位在靈川縣，明、清時有「小南京」之譽。村內擁有老宅院、古墓群和村東北的三月嶺古道等歷史古蹟。

江頭（洲）古民居：位在靈川縣，是中國大陸最具旅遊價值的古村落，建村已有 1000 多年的歷史，有保存完好的元、明、清三代建築。同時，該村還是中國北宋理學創始人周敦頤的後裔村，擁有獨特的「科舉仕宦文化」和「江頭洲愛蓮文化」。

PART 5
桂林南部

金鐘山
芬多精天堂　福壽聖地

網友推薦

　　★對角線　對於玩夠了奇岩、賞夠了異洞、見多不怪的旅遊愛好者而言，一樣的桂林山水、別樣的洞天福地，金鐘山旅遊度假區很值得一遊。天坑壽洞大有大的氣勢，地穴福岩小有小的情趣，獵得陣陣驚喜，獲得諸多感歎，真是不虛此行啊！

　　★木棉花　金鐘山，我終於見到你，圓圓的立在水中央，頂天立地一芙蓉，是碧玉雕出來的嗎？怎麼那般綠、那般亮，連神仙也不明就裡，你看，那福星公公、壽星公公也在俯身探奇，看個究竟。眼前錦湖，就像一面鏡子，要把金鐘山打扮得更加美麗迷人。

門票和開放時間

　　門票：永福岩人民幣 55 元，桂林天坑人民幣 55 元，套票人民幣 180 元，永福溫泉人民幣 138 元。

　　開放時間：9：00 ～ 17：00，13：00 ～ 24：00（永福溫泉）。

進入景區交通

　　位置：桂林市永福縣羅錦鎮。

　　交通：在桂林汽車總站乘直達金鐘山的班車即可。

金鐘山旅遊度假區位在永福縣，該縣有「中國長壽鄉」的稱呼。景區最大特色是將源遠流長的永福傳統福壽文化，融入原生態峰林幽谷中，讓遊客在欣賞美景的同時，還可以獲得身心的放鬆、享受養生的快樂。

目前景區由溶洞奇觀——永福岩、地質奇觀——桂林天坑、福壽養生溫泉——永福溫泉以及天坑漂流、高爾夫球場和度假酒店等多個景點組合而成，多樣的旅遊活動，匯成一個集自然奇景、養生溫泉、度假酒店、休閒娛樂、企業拓展訓練等多項旅遊資源為一體的大型綜合旅遊度假區。

❶ 永福岩

永福岩是目前已開發的大桂林溶洞中，鐘乳石品種最齊全的岩洞。溶洞內的鐘乳石大廳形態各異、雄偉、巨大、精美的各種鐘乳石，琳琅滿目。此外，遊覽途中還可以看見錯落有致、大小不同的石花水潭，潭水純淨清澈，形成如夢似幻的水境倒影，獨特的水下結晶形成「福」和「壽」文字，還有碩大的靈芝也讓人驚豔。

❷ 永福溫泉

永福溫泉位在麒麟山半山森林處，泉水源於地下 1000 多公尺，向上湧出。出水口溫度達攝氏 56 度左右，水量豐富，屬高溫溫泉。整個溫泉區在森林環抱中，環境優美、空氣清新、氣候宜人，一年四季皆可沐浴。

景區內有游泳池、熱身池、室內生態池、福祿壽池、鹽池、親親魚療池、動感水療池、玫瑰浴池、牛奶浴池等 20 多個泉池；分為普通泉池區、特色泉池區、養生區、養顏區、VIP 貴賓區、品茶區。

❸ 桂林天坑

桂林天坑是溶洞與天坑相融合的地質奇觀，目前是大桂林岩溶旅遊景區中，唯一能從底部步行進入的喀斯特漏斗（天坑）。遊覽以尋「壽」開始，在天坑中可領略洞中鐘乳石巨景長廊的精美畫卷、看遍布在岩壁上的金沙灘、欣賞遠古時代天坑中的各種珍奇物種，讓遊客在仰視天坑時猶如坐井觀天。乘坐電梯到天坑頂部，向下俯視，可以感受大自然鬼斧神工的傑作。

> **攻略**
>
> 在桂林天坑可以進行刺激的天坑漂流活動。桂林天坑漂流有著「天坑水、高山飆，驚險神奇第一漂」的美譽。桂林天坑漂流分為三個項目：滑道式漂流、水上樂園、爬坡戲浪。天坑漂流是桂北地區首條滑道式漂流，起漂點位在天坑頂部山坳。漂道總長 1.2 公里，猶如盤旋於山腰的巨龍。總落差 68 公尺，從起漂點到達終點需要 20 分鐘左右，全程安全，過程中卻又充滿刺激。
>
> **水上樂園**：景區內還有面積約為 5000 平方公尺的水上樂園，可在其中玩水上蹺蹺板、風火輪、彈簧床等娛樂設施，讓遊客尋找到童年的樂趣。

❹ 迷你 18 洞高爾夫燈光球場

迷你 18 洞高爾夫燈光球場位在群山環抱、綠水相伴的環境中，真山真水，揮桿擊球都像運動在畫中一樣，令人心曠神怡。球場由具有多年高爾夫球管理經驗的專業人士經營，有經過嚴格培訓的服務生為顧客提供周到的服務，在這裡打球能使人心情愉悅，享受高爾夫這種高雅的貴族運動，又可以充分放鬆身心。

攻略

住宿 背包客推薦的住宿地

景區內有多家假日酒店可以選擇，像千禧居、萬福居、萬國別墅、小木屋等。千禧居和萬福居價格適中，人民幣 260 元左右即可，而萬國別墅的價格相對來說就偏高了。

美食 老饕一族新發現

景區內的水上餐廳十分有特色，臨水而建環境十分好，餐廳內有多種家庭套餐可以選擇。此外，景區內還設有燒烤場，遊客可以親自動手製作喜愛的美食。

娛樂 城市魅力深體驗

景區內有攀瀑戲浪、水上樂園、高爾夫練習場、天籟 • 金鐘山民俗演藝、ATV 越野摩托車、露營基地、竹海徒步等多種娛樂設施。

荔江灣
桂林山水第一灣

★山中絕地　對荔江灣的印象很深，坐船遊荔江，有魚鷹捕魚，好看！划龍舟，蠻有意思的！天宮岩的倒影絕美，很值得！

★燈籠高掛　在荔江灣，可探索早期荔浦人的生活遺址，在景區內乘船觀賞，發現多幅億萬年前自然形成的山體壁畫，壁畫渾然天成、世界罕見，在此遊覽真是十分愜意的事情。

門票和開放時間

門票：人民幣 60 元。

開放時間：8：00 ～ 17：00。

進入景區交通

位置：桂林市荔浦縣青山鎮。

交通：在桂林長途汽車站乘車到荔浦縣在王朝大酒店下車，乘坐 82 路公車在荔江灣景區下車即可。

荔江灣景區由形象的鵪鷹山、象鼻山、五指山、龍頭山、白石山、紅馬、白馬山和珠江支流——荔江河及沿河兩岸的生態田園風光組成。此處山形奇特，峰叢林立，溶洞與山水相連，河水如玉帶般地環繞群山。景區一直有「水中水，山中山，桂林山水第一灣」的美譽和「洞中九寨」之稱。

荔江灣景區是一個自然原生態型的景區，景區內有最早期荔浦人的生活遺址、億萬年前自然形成的山體壁畫、最美的溶洞天宮岩、熱鬧的龍舟比賽等，豐富的旅遊景點讓遊客目不暇給。

❶ 壁畫神韻

景區有一幅堪稱世界奇觀的自然山體壁畫——仙女下凡圖，是一處珍貴的自然文化遺產。壁畫高約 100 公尺，寬約 40 公尺，石壁中的人體肖像自然天成，圖畫比例協調，生動傳神，臻於完美，堪稱世界一絕。

桂林山體壁畫很多，但是像荔江灣這樣特殊的並不常見，走進荔江灣看著這些象形的壁畫，能夠感受自然的神奇。

❷ 天宮岩

天宮岩是一個特殊的地質構造斷層岩水平裂開後，形成巨大跨度的岩頂，岩頂平整壯觀。岩洞與地下暗河相連通，經暗河水沖刷而成。洞內水潭、湖泊星羅棋布，倒影成輝，奇妙無窮，層層湖面錯落有致，彷若九層天界，景色美到極點。

此外，洞內有一處地下暗河水流穿岩而過，在落差處形成的巨大瀑布，高 10 公尺、寬 20 多公尺，形成罕見的溶洞瀑布奇觀。

❸ 水月庵遺址（靈芝仙閣）

水月庵遺址也稱靈芝仙閣，相傳是早期荔浦人建成，用來祭祀靈芝仙子的一座廟宇。據《荔浦縣誌》記載，水月庵建於乾隆年間。水月庵的仙閣建在青山鷂鷹山穿岩下，因「月出山頭，有潭水相映」而得名。廟址古木參天，古建築保存完好。

> **連結**
>
> **靈芝仙子**
>
> 相傳早期荔浦人在靈芝仙子被王母娘娘點化以後，在靈芝仙子居住的地方為她塑造雕像，並蓋起一座廟來祭祀她，以感謝她對當地居民的恩德。靈芝仙子雖然被點化，但她的神靈還在庇佑著居民們，所以荔浦人自從有了這座廟宇後，便經常來這裡祭拜，從此常年身體無恙，健康快樂地生活著，個個都長命百歲。後來仙子把庇佑的恩澤一直延伸百里外，於是信徒們從四面八方趕來觀光朝拜，香火非常旺盛。

❹ 青山晚照

「青山晚照」是荔浦縣有名的古八景之一。荔江灣兩岸群山各異，山水相映，如詩如畫，美麗迷人。它聚集奇觀勝景的山峰十餘座，其中有五座山峰最為壯觀，分別是紅馬白馬山、五指山、鷂鷹山、象山和龍頭山。每到夕陽西照的時候，形成一幅如畫般的美景，構成「青山晚照」的奇妙景色。

荔江灣示意圖

龍頭山
龍尾山
青山晚照 4
田園風光

2 天宮岩

壁畫神韻

1

田園風光

荔江

3 水月庵遺址
（靈芝仙閣）

鷓鴣山

往龍懷景區

象鼻山

往荔浦縣城

五指山

📷 攻略

娛樂 城市魅力深體驗

中華龍舟比賽：荔江灣是中國大陸境內唯一一個把龍舟比賽融入旅遊的景區，當地自古就有「划得龍舟是英雄」的說法。

魚鷹表演：荔江灣有精彩的魚鷹表演，魚鷹快速潛入水面，叼出大魚，讓人驚歎。

生態農業觀光：指景區內的隴上行，客人走在掛滿四季瓜果的田埂蔭蓬青石路上，不但可領略到晨耕暮歸、炊煙嫋嫋的鄉村風情，還可參與荔浦人傳統農耕，漫步富有奇特風情的荔江風雨橋。

> 攻略
>
> **攝影**：每當夕陽西下，這裡風光無限，是一個可以拍到好照片的地方。有許多攝影師以此為背景的作品，在攝影作品展中多次獲得大獎。

銀子岩
千姿百態的溶洞奇觀

網友推薦

★夜晚的愁　銀子岩溶洞是典型的喀斯特地貌，離桂林有段距離，要專門搭車過去。洞內彙集不同地質年代發育生長的鐘乳石，閃爍出似鑽石的光芒。銀子岩景區門口有一名句招牌：「遊過銀子岩，一世不缺錢。」所以新年來臨時，也希望新的一年能賺大錢。

★走一走　經典的喀斯特地貌溶洞，是桂林市很值得觀賞的溶洞。銀子岩經過人工的燈光點綴，非常美麗。各種鐘乳石栩栩如生、倒影絕美、閃閃發光如寶石，拍照時使用三腳架較能拍得到全貌，用自拍棒則只能拍到局部景色，不管使用哪種照像器材，在裡面遊玩時，都要注意安全喔！

門票和開放時間
　　門票：人民幣 80 元。
　　開放時間：8：30 ～ 17：30。

進入景區交通
　　位置：桂林市荔浦縣馬嶺鎮。
　　交通：可在陽朔乘前往銀子岩的專車。

銀子岩景區宛如一個巨大的天然盆景，四周群山環抱，千畝桃林錯落其間，四季花果飄香，如同一個寧靜和詩意的綠色家園。

銀子岩溶洞是典型的喀斯特地貌，貫穿 12 座山峰，洞內彙集不同地質年代發育生長的鐘乳石，鐘乳石像銀子似鑽石、晶瑩剔透、潔白無瑕，含有方解石、石英石微粒的鐘乳石在燈光的照射下，折射出銀子般的光芒，故稱為「銀子岩」。

銀子岩示意圖

藝術長廊　　霜淇淋　　音樂宮　　百尺畫廊

萬年靈芝　　仕錦生輝　　　　　　　　廣寒深宮

南國冰城　　　　　　　　　　　銀子岩三絕　　龍脊梯田

　　　　　　　　　　　　　　　　　　　　　萬里長城

華清池　金鑰匙　　銀子岩三寶

荔浦芋

❶ 荔浦芋

荔浦最有名的土特產便是荔浦芋。在銀子岩溶洞也有一個荔浦芋，這個荔浦芋是一個巨大的石筍，有 2 公尺高、1 公尺厚，惟妙惟肖，美名為「荔浦芋王」，遊客可以參賞其獨特的外形。

❷ 南國冰城

銀子岩真正的美景是從這南國冰城開始，岩內有一塊岩頂上一片乳白，在高低不同的石筍中，能看到雪花滿天飛舞，似乎進入銀裝素裹的北國隆冬，彷彿置身在冰、雪、霜的迷人世界中，還有一棵靈芝仙草傲然屹立在冰天雪地中。

PART 5

❸ 華清池

在銀子岩溶洞的下層，有一個水池，這裡池水清澈，景緻溫馨，彷彿是古代四大美人之一楊貴妃曾沐浴過的華清池。華清池這種地貌在地質學上稱為流石壩，是因為水中含有溶解的重碳酸鈣，在地面上重新結晶形成。流石壩形成相當慢，每 100 年只長 1 ～ 2 公分。

❹ 銀子岩三寶

攀岩雄姿：是體驗驚險刺激的好去處。

在銀子岩有莊嚴神聖的佛堂，佛祖釋迦牟尼正盤腿坐在佛臺上宣講佛經，下面是趕來聽經朝拜的眾弟子，這便是銀子岩「三寶」中的第一寶「佛祖論經」。而銀子岩「三寶」中的第二寶「獨柱擎天」，石柱高達 26 公尺，十分壯觀。銀子岩第三寶「混元珍珠傘」造型非常奇特，一般的石筍都是下大上小，而這根石筍卻一反常規，呈現中間大、兩頭小。

攀岩雄姿
絕壁棧
紫雲樓
停車場
山門

故事

混元珍珠傘造的傳說

關於混元珍珠傘，有一個動人的傳說。相傳這把古樸、典雅的傘就是佛教中四大天王中，北方多聞天王手中常持的那把神傘，不僅能呼風喚雨，還可以收妖鎮怪。傘的上部有個缺口，據說是孫悟空的傑作。當年孫悟空曾被多聞天王收在這把神傘中，但他用金箍棒將傘捅破後溜了出來。為了不讓這把傘再受到破壞，玉皇大帝派出 2 頭隱身的雄獅在此日夜守護。

❺ 銀子岩三絕

　　銀子岩溶洞有「三絕」，第一絕——「音樂石屏」，由無數片石幔組成，絕妙處在於石屏上的石片深淺不一，厚薄不同，輕輕拍打後能發出各種不同的音符。銀子岩第二絕是「雪山飛瀑」，洞內的鐘乳石表面附有方解石顆粒，能折射出閃閃光芒，像銀子，又像鑽石，好似頂端瀉出 20 多公尺高的雪瀑，紛飛四濺，壯觀奇美。

　　「瑤池仙境」是銀子岩的第三絕，由一排 15 公尺高的石幔簇擁而成，堪稱巨大的珠簾玉錦。倒垂淺池中，矗立在洞頂與地面間，呈現出絲緞般輕盈的優美姿態，折射出五彩繽紛的華麗光彩，映入清澈如鏡的池水中，十分壯美。

銀輝亭

入洞口
出洞口

銀閣遠眺

侗寨

朝寒漁隱

遊船碼頭

民族風情園

侗寨古寨：依山而座，炊煙嬝嬝，雞犬相聞，淳樸的鄉風讓人迷醉，飲一碗道地的油茶，品一杯香醇的水酒，傾聽關於銀子岩的神祕傳說，讓人忘卻紅塵，不忍歸去。

月湖橋

碧陽橋

連坡春色

超塵亭

桃花島

水上茶坊

果園

碧波泛舟

妙遠亭

田園風光

銀子岩景區示意圖

豐魚岩景區
一洞穿九山　妙景絕天下

★小不點　十分好玩的景點，非常值得去，裡面的溶洞景觀漂亮又壯觀，還可以暗河漂流，並且還有小火車能把遊客送回景區門口，旅程真是多彩多姿。

★楊柳五一　這是一個極有特色的景區！整個景區吃、住、娛、遊整合在一起，自己開車去可以在這裡玩2～3天，遊覽岩洞、吃土雞、釣魚、採摘（最好玩的還是挖馬蹄，一定要感受一下），晚上還有溫泉泡湯，真是太好玩了！

門票和開放時間

門票：人民幣70元（包含千佛洞畫廊）。

開放時間：8：00 ～ 17：00。

最佳旅遊時間

四季皆宜，夏季最佳，夏季雨水豐富，更適合暗河漂流，而且此時洞內十分涼爽，非常適合避暑。

進入景區交通

位置：桂林市荔浦縣三河鄉東里村。

交通：先在桂林長途汽車站乘前往荔浦縣的汽車，到達荔浦汽車站轉乘前往豐魚岩的小巴。

豐魚岩因暗河盛產油豐魚而得名，有「暗河漂十里，一洞穿九山，妙景絕天下」美稱，譽為「亞洲第一洞」。豐魚岩貫通9座大山，全長5.3公里。洞中小廳連接大廳，最大的廳有25500多平方公尺，是世界罕見的奇特大溶洞。高闊的洞天、幽深的暗河和密集的石筍，匯成氣勢雄偉的豐魚岩奇觀。

❶ 洞內陸地觀賞景區

豐魚岩內的洞內陸地觀賞景區全長2.2公里，洞中石筍、石柱、石幔林立。其中定海神針、不夜城、寶塔王國、八方錦繡等景點輝煌壯麗，燦爛繽紛，令人目不暇給。

進入洞中，清涼的感覺迎面而來，爬上「好漢坡」，經過2個景點後，即到大廳：「定海神針」令人驚歎水滴石穿的日積月累；再看「南天一柱」，5、6個成年人手牽手可能都圍不住它，用「擎天柱」這個名字來稱呼它，實在不足為過。

> 連結
>
> **定海神針**
>
> 洞廳中有一根高達9.8公尺，而直徑只有14公分的石筍，稱為「定海神針」，上下大小一致，在世界上洞穴滴石類石筍中極為罕見，堪稱世上一絕。

❷ 洞內暗河漂流觀賞區

豐魚岩暗河漂流區全長 3.3 公里，是目前世界上開發並利用最完整的暗河。遊客乘舟覽勝，水溫適度，河道曲折，空谷幽邃，水深悠遠，岸危穹高，忽仰忽傾，若明若暗，凝目高望，遠處則朦朦朧朧，恍若回到混沌初開的遠古時代。沿河兩岸乳石千姿百態、如禽如獸，栩栩如生。暗河漂流神祕之旅帶給人新奇、神祕、刺激的誘惑。

坐上小舟，戴上安全帽，順著暗河一路漂流，兩岸石壁紋路清晰可見，是冰川時期留下的痕跡，豐魚岩暗河穿過 9 座大山、3 個峽谷、2 個洞天、2 個瀑布，曲折蜿蜒，有時狹窄到僅有 2～3 公尺寬，有時寬達 10 多公尺，有時岩頂低得就要碰到頭，有時高大得看不到頂。

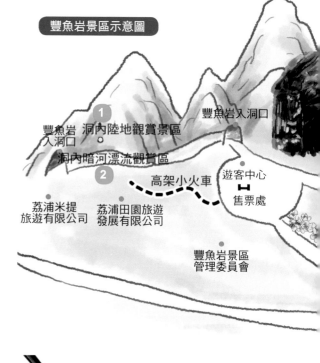

豐魚岩景區示意圖

豐魚岩入洞口

❶ 洞內陸地觀賞景區

豐魚岩入洞口

洞內暗河漂流觀賞區

❷

高架小火車

遊客中心

售票處

荔浦米提旅遊有限公司

荔浦田園旅遊發展有限公司

豐魚岩景區管理委員會

❸ 洞外田園風光景區

豐魚岩不僅擁有景觀奇特的溶洞景觀，而且洞外群山綿延，田園風光秀麗迷人，沿途河谷村寨相連，阡陌縱橫，雞犬相聞。皇室貢品荔浦芋，當地名優特產馬蹄、柑橘等盡收眼底，一派綺麗的田園風光。也因此豐魚岩有著「詩意的家園」之稱。

❹ 豐魚岩貴賓樓

豐魚岩貴賓樓是豐魚岩景區內的賓館，分為 A 樓、B 樓、C 樓三棟。賓館共有各類客房 200 多間。其中，貴賓 C 樓是集休閒娛樂、保健養生於一體的綜合配套設施樓，有全亞洲唯一的洞內溫泉 SPA，依照山邊一天然洞穴內部地勢建造，主要以硫黃溫泉浴為主，將豐魚岩獨特的岩溶資源與天然溫泉完美結合，環境優美，格調高雅，堪稱一絕。

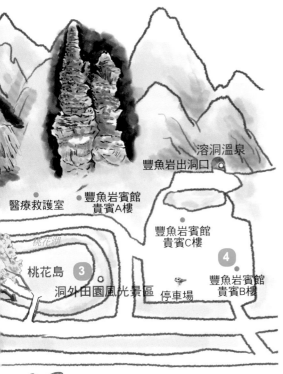

醫療救護室

豐魚岩賓館 貴賓A樓

豐魚岩出洞口

溶洞溫泉

豐魚岩賓館 貴賓C樓

桃花湖

桃花島 ③

洞外田園風光景區

停車場

④

豐魚岩賓館 貴賓B樓

攻略

　泡溫泉：洞外建有男女賓分浴大小溫泉湯池，可調製鹽海礦物泥巴浴、鮮花浴、蔬果浴、脂奶浴、醇酒浴、咖啡浴、香芬浴、中藥浴等；還設有各種瑤家足浴、SPA 按摩、美容美髮等，可讓人徹底放鬆。

　美食：豐魚岩貴賓樓餐廳可同時容納 600 人用餐，以荔浦芋頭宴、瑤族在地宴、瑤族風味宴等當地少數民族菜餚為特色，宴席的色、香、味、形都達到相當高的水準。

連結

　瑤族藥浴

　瑤族藥浴採用瑤族古老祕方、採摘大瑤山中植物配置的草藥，用溫泉水炮製而成，有爽神湯、婦健湯等，具有解除疲勞、緩解緊張心情、預防流行感冒等特殊功效。

📷 攻略

娛樂 城市魅力深體驗

　風情表演：每當夜幕降臨，在景區的桃花島上，便會舉行一場別開生面的瑤族風情表演，不僅可以欣賞到火把迎賓舞、長鼓舞等各種風情歌舞，還可以觀看拋繡球、拜天地、背新娘等精彩節目；如果是男性嘉賓，還有機會當一回瑤家「女婿」，親身感受瑤族古樸的婚俗禮儀。而最讓人感到神奇、刺激的，當屬男子成年時舉行的「度戒」儀式上，「上刀山、下火海、踩紅燒犁頭」等諸多絕技表演。

　冰泉游泳：暗河水溫常年保持在攝氏 24 度左右，經過大自然的過濾、淨化，給予豐魚岩清爽、乾淨的天然游泳用水，把水引入游泳池。遊客在閒暇之餘，到豐魚岩冰泉泳池暢游一番，可以享受到清涼游泳、戲水的樂趣。

　卡拉 OK 廳：景區內的卡拉 OK 廳已經重新裝潢過，有富麗堂皇的大廳、包廂，既可以幾十個人一起高歌，也可以 2、3 個人小聚。

　按摩：景區內有精油按摩、腳底按摩等項目，按摩可以促進血液循環、新陳代謝、消除疲勞、改善睡眠、養生美容等。

恭城
華南小曲阜

★小狗二號呆子　恭城旅遊資源十分豐富，走進恭城，既可以感受文廟的儒家文氣，又可以領略武廟的圍屋莊嚴，歷史氣息濃厚。只可惜去的時候不是春天，如果是春天，還能去欣賞嬌貴的桃花。

門票和開放時間

門票：文廟、武廟人民幣 25 元，周渭祠人民幣 8 元，湖南會館人民幣 7 元，大嶺山桃園人民幣 40 元。

開放時間：8：30 ～ 17：30（除大嶺山桃園）。

進入景區交通

位置：桂林市恭城縣。

交通：在桂林汽車站乘前往恭城的汽車即可。

恭城位在桂林市東南部，距離桂林市 108 公里。縣內有自治區重點文物保護單位的文廟、武廟、周王廟、湖南會館等四大古建築群，分別形成「文」、「武」、「官」、「商」和「情」等濃郁的歷史氣氛。特別是建於明代的文、武兩廟，氣勢恢宏，蔚為壯觀，為恭城贏得「華南小曲阜」的美譽。

除了眾多的歷史人文旅遊景點，恭城新開發的生態農業觀光旅遊景點有大嶺山、橫山、紅岩。萬畝桃林和各種特色果林，為恭城添上更加絢麗的色彩。

❶ 文廟

恭城文廟位在恭城縣城西山山腳下，文廟始建於明永樂年間，是廣西保存得最完整的孔廟，也是知名的四大孔廟之一。文廟坐北朝南，俯視茶江，背靠印山，依山而建，逐層布置，顯得莊嚴肅穆。全廟有禮義兩個耳門，門外立禁碑一塊，上刻「文武官員至此下馬」，以示孔廟的莊嚴。廟內有個寬大的平臺，叫杏壇，又叫露壇，傳說是孔子講學的地方。

露壇上的大成殿，是文廟的主體建築，屋面飛簷高翹，重簷歇山，脊施花飾，泥塑彩畫，琉璃瓦蓋，金碧輝煌。大成殿之後是崇聖祠，是供奉孔子五代祖先的殿堂，崇聖祠與大成殿在建築構造上很講究，大小高低各有分別。

> 解說
>
> **文廟的建築特色**
>
> 戲臺是全文廟建築的精華所在，確切地說，這是一個比武臺，戲臺除臺基砌石外，上部為全木結構。戲臺板底曾安放 36 口水缸，當臺上敲鑼打鼓時，聲音由水缸從不同角度向上反射，集中在藻井中產生共鳴，可擴大音響，使聲傳達十里之遠，是古代人民在聲學方面有所建樹的歷史見證。

❷ 武廟

文廟左側是恭城武廟。文、武兩廟把印山一山分二脊，一東一西。左右文武，渾然一體，相得益彰。恭城武廟又稱關帝廟，始建於明朝，內有戲臺、雨亭、前殿、正殿和後殿等建築，是祭祀三國名將——關羽的廟宇。

武廟不設正門，由兩邊開門而入，兩門上分別寫有「忠君愛國」、「濟世安民」8個大字，意為關公的為人準則。整座建築重簷歇山，翼角飛翹，布滿雕花泥塑，龍鳳呈祥，明暗八仙，人物花鳥，栩栩如生。黃綠琉璃瓦頂與文廟的芒輝融為一體，形成印山下金碧輝煌的光波海洋。恭城武廟是迄今為止，廣西保存得最完整的關帝廟，人稱「廣西廟宇之冠」。

解說

文廟與武廟

相傳恭城縣的先民把文廟建在左邊，把武廟建在右邊，是因為在中國古代傳統觀念裡，左為東、為陽，東方主生，為尊，故為文廟，以示崇文；右為西、為陰，西方和殺，為卑，故為武廟，以示抑武。而文廟與武廟之相依相傍，又表示陰陽相合，文武相成。既崇文，又尚武，先文後武，充分展現中華民族的文化精神。恭城文武兩廟，一東一西同處一地，這在中國大陸境內也很少見。

武廟位在恭城縣城西的印山麓，右側是文廟。兩廟在建廟基地的選址上頗有考究，分占同一山的兩個山脊，相隔 50 公尺，既毗鄰又互為對應。有趣的是文廟南偏東 6 度，武廟南偏東 45 度，如果延長各自的中軸線，交會點分別離武廟 100 公尺、文廟 110 公尺。這個長一短，是先人有意安排評說兩位先聖的長短，還是自然的巧合，有待考證。

❸ 周渭祠

周渭祠位在恭城縣城吉祥街上，又稱周王廟或嘉應廟，是祭祀宋御史周渭的祀廟。周謂祠建於明成化十四年（1478 年），清雍正元年（1723 年）重修。整座祠由戲臺（後被毀）、門樓、大殿、後殿及左右廂房組成。

連結

周渭小傳

周渭，恭城路口村人，生於五代，瘁於北宋咸平二年（999 年），出身進士，官至侍御史。他關心家鄉的福利，奏請減免賦稅、重定田稅、開發民智，提倡興辦學校、教育兒童。周渭在位之時，廉政愛民、不畏權貴、不徇私情、執法如山，任職所到之處都深得百姓的擁戴。

周渭雖位居高官卻兩袖清風、家貧如洗，死後因清貧而無錢舉葬，宋真宗哀憐他一生廉潔奉公，頗有政績，死後被朝廷赦封為「忠祐惠烈王」。家鄉百姓感戴他關心人民疾苦和操守清廉，自發捐款為他建廟塑立雕像，永遠紀念。

每逢農曆六月十五日為周渭的誕辰日，縣城及附近農村群眾即舉行盛大的紀念活動，在廟前演戲酬神，沿街家家戶戶擺設供品祭祀，儀仗隊抬著周渭的雕像遊行，吹吹打打，鑼鼓喧天，氣氛極為熱烈。

解說

周渭祠的門樓建築

　　周渭祠門樓是全祠的精華所在。門樓面闊五間，重簷歇山，頗有明清古建築特色。由座鬥、交手鬥、鴛鴦交手鬥三種形式組合成，嚴謹而有規律的重簷，形似蜂窩，人們稱之為「蜜蜂樓」。而門樓的斗拱僅有裝飾作用，完全靠內部米字枋格承托上層屋頂。斗拱單體形似雞爪，使上層重簷氣勢流暢並產生迴流，不時發出轟鳴聲，令雀鳥們不敢在此築巢造窩，產生自然保護的作用，可以免遭蟲鳥侵害，為今人研究古建築，提供寶貴的實物例證。

❹ 湖南會館

　　恭城湖南會館位在恭城縣城的太和街，建於清朝同治十一年（1872 年）。湖南會館為當時的三湘同鄉會集資所建，由門樓、戲臺、正殿信兩邊的廂房組成。會館因其結構獨特，造型奇巧，雕飾豐富，花草人物繁雜，故有「湖南會館一枝花」的美稱。

　　湖南會館也是恭城「四大會館」（廣東會館、湖南會館、福建會館、江西會館）至今唯獨保存完整的一座。整個會館布局嚴謹，紅牆黃瓦，泛翠流金，飛簷挽天，蔚為壯觀。大殿裝潢華麗，壁畫花飾繁多，前後風簷鏤雕細緻，簷牆彩繪構思新穎。

攻略

　　在湖南會館內可以看到「八桂第一壺」——紫砂壺，及各種茶藝、風情表演，並可以邊品嚐瑤鄉特有的油茶小吃、中國茶，邊欣賞瑤族有著 2000 年歷史的儺舞。

湖南會館的建築

　　湖南會館內有戲臺矗立，呈凸字形，105平方公尺，青石疊砌臺基，臺底淺埋36口水缸，以增強音響效果。

　　門樓和戲臺的結構很有特點，整個平面呈凸字形。臨街的一面為門樓，戲臺在門樓後方。戲臺和門樓互為前後，在樑架結構上採用「移柱造」法，以適應戲臺和門樓雙層使用的功能。陡峻的層頂顯得玲瓏又富有變化；具有豐富彩飾的古戲臺，顯得古樸又富麗堂皇，具有明顯的嶺南古建築特色，有高度的藝術價值和研究價值，是廣西罕見的古建築珍品。

❺ 大嶺山桃園

　　大嶺山桃園位在恭城西嶺鄉大嶺山屯，是當地政府充分利用3月桃花綻放的契機，展開的生態旅遊地。每年3月，漫山遍野盛開的桃花，染紅大嶺山，每到當季就會吸引各方遊客前來觀光。

攻略

每年春天是到大嶺山欣賞桃花的好時節，此外金秋時節，大嶺山水果飄香，果不醉客客自醉。有山歌唱道：「來到恭城逛果園，果子碰頭又碰肩。萬畝果園耍一轉，不願天上做神仙。」

延伸

恭城桃花節

「恭城桃花節」是桂林每年一度的旅遊系列活動中，開春首個活動，在桂林恭城瑤族自治縣舉辦，至今已經有 12 屆了。恭城桃花節也讓恭城西嶺近年來，成為桂林春季旅遊的一個品牌，每年一開春都能吸引無數遊客到達恭城西嶺踏青、賞花。

每年春暖花開的季節，恭城桃花節伴著春天的腳步，帶著春天誘人的氣息，款款而至。2003年開始舉辦的恭城桃花節，把美麗的自然風光融入豐富多彩的民族文化，突顯民族特色，向世人盡展瑤鄉春天的多情與嫵媚。

PART 5

自助遊一本就GO!
桂林 深度遊最強地圖導航書

編　　著　愛旅遊編輯部
責任編輯　王淑燕
校　　對　周淑萍
封面設計　健呈電腦排版股份有限公司
內頁排版　健呈電腦排版股份有限公司
法律顧問　朱應翔 律師
　　　　　滙利國際商務法律事務所
　　　　　臺北市敦化南路二段76號6樓之1
　　　　　電話：886-2-2700-7560
法律顧問　徐立信 律師

出 版 者　新文創文化事業有限公司
　　　　　地址：235 新北市中和區建康路150號3樓
　　　　　電話：886-2-2226-3070
　　　　　傳真：886-2-2226-0198
　　　　　E-mail：newknowledge2013@gmail.com

總 經 銷　易可數位行銷股份有限公司
　　　　　地址：231新北市新店區寶橋路235巷6弄3號5樓
　　　　　電話：886-2- 8911-0825
　　　　　傳真：886-2- 8911-0801

香　　港　和平圖書有限公司
總 經 銷　地址：香港柴灣嘉業街12號百樂門大廈17樓
　　　　　電話：852-2804-6687
　　　　　傳真：852-2804-6409

本版發行　2017年3月
定　　價　依封面定價為準

國家圖書館出版品預行編目(CIP)資料

自助遊一本就GO!桂林深度遊最強地圖導航書/
愛旅遊編輯部編著. -- 初版. -- 新北市：新文創
文化, 2017.03
　　面；　　公分
　　　ISBN 978-986-93979-5-7(平裝)

1.自助旅遊 2.廣西省桂林市

673.49/301.6　　　　　　　　106001787

168閱讀網
www.168books.com.tw